Marcus Schall & Daniela Gantner

# SuperGoodFood

## GLÜCKSREZEPTE FÜR MEHR POWER

PAY THE
FARMER,
NOT THE
PHARMA!

SUPER
GOOD
FOOD

Marcus Schall & Daniela Gantner

SUPER
(GOOD)
FOOD

# Das Super Good
# Inhaltsverzeichnis

GESCHMACK
IST KING.
GESUND IST
KING KONG.

# Das Super Good
# Vorwort

Noch ein veganes Kochbuch …?! Nein! Auch wenn wir aus Überzeugung überwiegend mit »Grünzeug« und sehr oft auch komplett vegan kochen. Als »Crossover« vereint dieses Buch vielmehr die – unserer Meinung nach – wesentlichsten und sinnvollsten Ansätze althergebrachter und aktueller Ernährungstrends. Bewusst nicht starren Leitsätzen folgend und ohne erhobenen Zeigefinger, dafür auf Basis unserer eigenen Erfahrungen, kritisch hinterfragt und zeitgemäß aufbereitet. Nicht Fisch, nicht Fleisch? Doch, auch – aber eben nur in vernünftigem Maße.

SuperGoodFood möchte weder dogmatisch sein noch um jeden Preis polarisieren, provozieren oder aufregen. Erst recht möchten wir nicht missionieren oder bevormunden – das kleine Wortspiel sei hier erlaubt. Wir möchten vieles ein wenig besser machen, unterschiedliche Ernährungstrends verbinden, für mehr gegenseitigen Respekt und Verständnis zwischen den verschiedenen Ernährungsphilosophien werben und zum Nachdenken anregen. Vor allem aber möchten wir unseren bescheidenen Teil dazu beitragen, dass sich mehr Menschen bewusster, besser, gesünder und letztlich auch nachhaltiger ernähren.

Das Buch darf als Einladung gesehen werden, sich mit den aufgeführten Themen auseinanderzusetzen; es liefert mögliche Anknüpfungspunkte und bietet vielleicht neue Informationen. Möglicherweise dient es euch auch als Anregung, euch bereits Bekanntes wieder in Erinnerung zu rufen, und ganz sicher auch als Anlass, das eine oder andere Rezept einmal selbst auszuprobieren. Mit unserem Buch möchten wir neue Wege aufzeigen, Althergebrachtes hinterfragen, Denkanstöße und Ideen liefern. Vor allem möchten wir aber eines: zeigen, dass frisch zu kochen gar nicht so schwer ist. Daher sind viele unserer Rezepte alltagstauglich und unkompliziert. Immer gesund und lecker. Denn gesunde Küche muss in erster Linie eines: schmecken! Dabei bietet dieses Buch Rezepte mit tierischen Produkten ebenso wie vegane Alternativen. Der gemeinsamen »Crossover-Mahlzeit« von Fleischessern, Vegetariern und Veganern steht also nichts mehr im Wege.

Ausdrücklich erklären wir dieses Buch zur challengefreien Zone! 30-Tage-vegan-Challenge hier, Sixpack- oder Bikini-Challenge dort, Green-Smoothie-Challenge und wie sie alle heißen – wir finden, man kann es auch mal entspannter angehen, das Leben an sich ist oft Challenge genug. Und so wünschen wir euch einfach nur viel Spaß beim Lesen und Über-den-Tellerrand-Schauen, Freude beim Nachkochen und guten Appetit! SuperGoodFood: Eat better – feel better!

Dani & Marcus

# Die SuperGoodFood-
# Philosophie ...

... lässt genügend Spielraum für individuelle Bedürfnisse und möchte gerade nicht starr und unflexibel daherkommen.

SuperGoodFood vereint die unserer Meinung nach sinnvollsten Ansätze aus verschiedenen Ernährungsphilosophien mit Inspirationen aus anderen Länderküchen zu einem spannenden und alltagstauglichen Crossover. Dabei möchten wir bewusst verbinden, statt stumpf zu polarisieren. Vegetarier und Veganer finden in unserem Buch ebenso passende Gerichte wie Fleischesser oder Anhänger des Paleo-Prinzips. Und natürlich haben wir nichts dagegen einzuwenden, dass die in diesem Buch vorgestellten Rezepte abgewandelt oder ergänzt werden – ganz im Gegenteil! Denn eigentlich möchten wir nur eines: Vorschläge, Anregungen und Inspirationen liefern. Nicht mehr, aber auch nicht weniger.

SuperGoodFood basiert dabei auf einer zu großen Teilen pflanzlichen Ernährungsweise unter der Verwendung von möglichst frischen und unverarbeiteten Bio-Lebensmitteln. Diese, so finden wir, optimale Grundlage ergänzen wir gern mit besonders nährstoffreichen Superfoods und – in einem geringen Maße – ausgesuchten und qualitativ hochwertigen tierischen Lebensmitteln.

## Je grüner, desto besser!

Eine zu großen Teilen pflanzliche Ernährungsweise versorgt unseren Körper mit einer Vielzahl an frischen und bio-aktiven Mikronährstoffen, liefert eine vergleichsweise geringe Kaloriendichte, fördert aufgrund des hohen Ballaststoffanteils eine gesunde Verdauung, sorgt für einen ausgeglichenen Säure-Basen-Haushalt und stellt darüber hinaus neben regelmäßiger körperlicher Aktivität die beste Vorsorge gegen ernährungsbedingte Zivilisationskrankheiten dar.

Ausgesuchte, qualitativ hochwertige tierische Lebensmittel in moderatem Maße liefern ebenfalls sehr wichtige Nährstoffe und beugen so Mangelerscheinungen oder kritischen Nährstoffpegeln ganz einfach vor. Daher beträgt das ungefähre Verhältnis unseres persönlichen Speiseplans etwa drei Viertel pflanzlich zu ein Viertel tierisch.

Wir Menschen haben uns über Generationen hinweg an den Geschmack bestimmter Lebensmittel gewöhnt; für viele von uns gehören diese daher einfach zum täglichen Leben dazu, manches weckt gar Kindheitserinnerungen und ganz besondere Emotionen. Gleichzeitig haben wir uns aber auch an ihre ernährungsphysiologischen Eigenschaften angepasst. Unser Körper hat also gelernt, damit umzugehen. Deshalb sind wir der Überzeugung, dass diese Produkte durchaus ihre Berechtigung haben – wenn sie in einem vernünftigen Maße konsumiert werden.

## Weniger ist mehr

Gleichzeitig möchten wir euer Bewusstsein hinsichtlich des Konsums tierischer Lebensmittel schärfen. Unsere Devise lautet: so bewusst und wenig wie möglich. Damit wollen wir ein klares Zeichen gegen Intensivtierhaltung und Massenproduktion setzen. Denn die drastisch gestiegene Industrialisierung der Lebensmittelproduktion, vor allem in den letzten 20 bis 30 Jahren, ist hauptverantwortlich für einige der größten Probleme unserer Zeit. Dies gilt für ernährungsbedingte Zivilisationskrankheiten genauso wie für den ständig steigenden $CO_2$-Ausstoß und die insgesamt unhaltbaren Zustände in der konventionellen Tierhaltung.

Wir essen zu viel Fleisch zulasten anderer Individuen und zulasten der Umwelt. Durch das Übermaß, das unser Konsum tierischer Produkte angenommen hat, und die daraus resultierenden immer größeren benötigten Ressourcen wird z. B. für den Futteranbau Regenwald abgeholzt. Wir tragen dazu bei, dass Menschen hungern müssen. Denn unser Fleisch, nicht zuletzt gestützt durch die Subventionspolitik der EU, kann so billig produziert werden, dass es sich sogar noch lohnt, die hier unwillkommenen Reste u. a. nach Afrika zu exportieren. Dort werden infolgedessen lokale Produzenten und Bauern von den Märkten verdrängt. Sie verlieren die Möglichkeit, durch ihre Arbeit ausreichend Geld für ihren Lebensunterhalt zu verdienen – mit ein Grund für Armut und Hunger in Afrika. Wie kann das noch in Einklang mit dem Menschenrecht auf Nahrung gebracht werden, dem sich viele Staaten verpflichtet haben?

### Dringend erforderliches Umdenken

Jeder kann seinen Beitrag leisten, dem entgegenzusteuern. Wir möchten eine möglichst breite Masse mobilisieren, sich mit deutlich weniger tierischen Produkten zu ernähren. Eben auch wegen dieser kurz angesprochenen Punkte, die bei näherer Betrachtung nicht einmal die Spitze des berühmten Eisberges ausmachen. Ein eingeschränkter Konsum tierischer Produkte muss keinen Verzicht darstellen! Er eröffnet vielmehr die Möglichkeit, über den eigenen Tellerrand zu schauen und eine größere Vielfalt zu erleben. Und die Gesundheit wird es einem außerdem danken.

Was die ethischen Bedenken generell zur Tötung von Tieren für unseren Konsum angeht – die können nicht wegdiskutiert werden und haben durchaus ihre Berechtigung. Deshalb können wir nur jedem empfehlen, sich bewusst zu machen, dass die Bratwurst und das Schnitzel nicht aus dem Automaten in der Fabrik kommen, sondern dass allein in Deutschland Millionen von Tieren dafür im Akkord geschlachtet werden müssen. Von diesem Trend müssen wir weg. Es lohnt sich deshalb, regionale Höfe und Bauern zu stärken, bei denen artgerechte Haltung mit artgerechtem Futter und Auslauf noch großgeschrieben werden, um damit auch dem Sterben vieler kleiner Höfe entgegenzuwirken. Größere Nachfrage hier und weniger Nachfrage bei der Fleischindustrie – ein Schritt in die richtige Richtung.

## Wir sprachen es schon an: Bio? Logisch!

Eine möglichst hohe Nahrungsmittelqualität stellt die Basis für eine optimale Ernährung dar. Neben dem völligen Verzicht auf raffinierten Zucker, Weißmehl, Zusatz- oder Süßstoffe hat die Güte der verwendeten Grundzutaten für uns absolute Priorität. Konventionell erzeugte Lebensmittel aus hochtechnisierter und anonymer Intensivlandwirtschaft sind heutzutage häufig hoch belastet. Grenzwerte, beispielsweise für die Belastung mit Pestiziden, werden nicht selten auf Basis industriefinanzierter Studien festgelegt – und dabei sogar Empfehlungen der WHO angeblich widerlegt. Alles in allem ein höchst fragwürdiger Teufelskreis, der in erster Linie zulasten des Verbrauchers geht.

Um dem zu entgehen, empfehlen wir, auf Bio-Lebensmittel zurückzugreifen oder sich direkt beim Bauern zu informieren, wie er seine Lebensmittel produziert. Ein weiterer Vorteil: Kleine und im Idealfall regionale Produzenten werden gestärkt, und wir machen uns so unabhängiger von immer mächtigeren Lebensmittelkonzernen. Darüber hinaus gibt es weitere interessante Optionen: Kleine Erzeugergemeinschaften und Kooperativen produzieren regional und saisonal – und in den meisten Fällen biologisch oder biologisch-dynamisch. Projekte wie die »Obstarche« oder der »Boomgarden-Park« haben die Renaturierung und den Erhalt alter Obstsorten zur Herzensangelegenheit gemacht und liefern so längst vergessene Sorten wie Goldparmäne oder Gravensteiner – in den meisten Fällen natürlich ohne Pestizide. Wer gern selbst gärtnern würde, aber keinen eigenen Garten besitzt, kann bei Projekten wie den »Ackerhelden« ein Stück Scholle auf Zeit mieten und bekommt neben dem notwendigen Equipment auch gleich das passende Know-how dazu.

Die Ausgewogenheit der Nährstoffe wird selbst bei Ernährungsplänen oftmals vergessen. Eine einseitige Ernährungsweise tut uns nicht gut, egal ob mit oder ohne Fleisch. Bei allen unseren Gerichten legen wir daher außer auf den Geschmack auch einen Schwerpunkt auf die Kombination der richtigen Zutaten. Neben sinnvollen Basiszutaten sorgen teilweise noch recht unbekannte Superfoods für einen besonders ausgewogenen Nährstoffgehalt. Natürlich verwenden wir keinerlei Zusatzstoffe. Unserer Ansicht nach sollte außer dem Auge auch immer das Hirn mitessen.

## AUSGEWOGEN MUSS ES SEIN

Ein weiterer Punkt, der uns bei der Umsetzung dieses Buches besonders am Herzen lag: die sinnvolle Zusammensetzung der Zutaten und ein ausgewogenes Nährstoffverhältnis, möglichst bei allen Mahlzeiten. Die richtige Zusammensetzung hilft auch, den Körper nicht unnötig zu belasten. Ein Salat oder ein leichtes Gemüsegericht, je nach Wahl gegebenenfalls ergänzt durch ein kleines Stück Fleisch, belastet uns logischerweise weniger als ein dickes Schnitzel und Kartoffelgratin mit doppelt Käse.

Wenn die Verdauung Schwerstarbeit leisten muss, merken wir das. Wer kennt nicht das Gefühl der einen übermannenden Müdigkeit nach einer gehaltvollen Mahlzeit? Der Feierabend kann oft nur mit ausreichend Kaffee oder Espresso erreicht werden – und darüber brauchen wir uns eigentlich nicht zu wundern. Die »Fressnarkose« am Nachmittag ist genauso vermeidbar wie das 11-Uhr-Loch am Morgen. Alles nur eine Frage der richtigen Taktik!

# Denkanstöße zur Lebensmittelqualität

Wenn wir uns das Einkaufs- und Essverhalten in unserer modernen Gesellschaft einmal näher ansehen, wird eines klar: Viele Menschen sind sich nicht wirklich bewusst, was Nahrung im eigentlichen Sinne überhaupt ist. Nahrung ist viel mehr als bloßer Füllstoff für knurrende Mägen. Nahrung ist vor allem eines: Kraftstoff für unseren Körper und unseren Geist. Und eben dieser Kraftstoff hat, neben einigen anderen Faktoren, einen unmittelbaren Einfluss auf unsere Leistungsfähigkeit, die Gesundheit und das allgemeine Wohlbefinden. Wie ein Auto benötigt unser Körper den richtigen und möglichst einwandfreien Kraftstoff.

## Zu viel des Guten – und viel zu viel Schlechtes!

Haben wir unser Essen früher meist portioniert von zu Hause mitgenommen, ist Nahrung heute fast überall verfügbar: an Tankstellen, an Bahnhöfen, in der Stadt und selbst an der Autobahn. Aber die Sache hat einen Haken. Nicht nur, dass wir dadurch oftmals zu viel konsumieren und nicht geplant essen. Das überwiegende Angebot ist einfach nicht besonders gesund. Anders ausgedrückt: Das, was wir früher im guten, alten Henkelmann mit zur Arbeit genommen haben, war in den meisten Fällen deutlich gesünder als 90 Prozent der Dinge, die uns heute überall angeboten werden!

Das ständige Überangebot an Lebensmitteln, die immer stärker zunehmende Verarbeitung von Lebensmitteln, die höhere Belastung mit Zusatzstoffen und Pestiziden, aber auch die weitere Verbreitung von Fast Food und Convenience-Produkten sowie die stetig wachsende Zahl an Lieferservicefirmen und bequemen Drive-in-Schaltern, an denen wir zum Essen noch nicht

einmal mehr aussteigen müssen – all diese Faktoren sorgen dafür, dass wir unserem Körper mit der zugeführten Nahrung manchmal mehr schaden als nutzen.

## Essen unter Stress und andere Fallstricke

Gerade in unserer modernen, hektischen Gesellschaft wird Essen immer häufiger zur Nebensache. Eigentlich muss es immer schnell gehen, unterwegs, in der kurzen Mittagspause und oft sogar abends. Das hat nicht immer nur mit unserer beruflichen Belastung zu tun, auch die privaten »Verpflichtungen« werden dank immer neuer sozialer Netzwerke und Medien ständig größer. Diese Entwicklungen tun uns definitiv nicht gut. Nicht nur, weil wissenschaftlich klar erwiesen ist, dass Nebenbei-Essen dazu führt, mehr zu essen, als eigentlich nötig wäre. Unabhängig davon benötigen wir gelegentlich einfach etwas Zeit, um herunterzufahren und ein wenig abzuschalten.

Oftmals geben wir unserem Körper viel zu viel Ballast und viel zu wenig davon, was er eigentlich braucht. Der angesprochene Stress und die Hektik tun ihr Übriges. Besonders paradox: In Zeiten, in denen wir hohen Belastungen ausgesetzt sind und demzufolge richtig Leistung abrufen müssen, essen wir noch schlechter als sonst. Dies erscheint ungefähr so logisch, als wolle Sebastian Vettel auf einem Satz abgefahrener Reifen die Bestzeit knacken. Trotzdem tun wir es immer wieder.

Hinzu kommt die fehlende Aufklärung über die richtige, die gesunde Ernährung. Viele wissen gar nicht, was sie essen sollen. Oder noch essen können – ein Lebensmittelskandal jagt heute mitunter den anderen. Den Menschen fehlt es an Aufklärung, an Wissen, an Vertrauen und manchmal auch an Interesse oder an der notwendigen Zeit. Denn auch wenn viele Informationen heute eigentlich nur wenige Mausklicks entfernt sind – der Tag hat nur 24 Stunden. Eine weitere Hürde ist geschicktes Marketing großer Unternehmen. Schöne Bilder auf Verpackungen suggerieren Frische, Qualität und eine gesunde Mahlzeit. Leider in den meisten Fällen ein Trugschluss.

Wir kommen hier nur weiter, wenn wir uns ein wenig mehr mit der Thematik beschäftigen und uns die für uns wichtigen Punkte mehr ins Bewusstsein rufen und nicht einfach nur blind konsumieren. Wir müssen genau hinsehen und sollten uns nichts vorgaukeln lassen. Und das genaue Hinsehen kann uns niemand abnehmen. Der wichtigste Anhaltspunkt dafür sind die Angaben auf den Verpackungen und Hinweise rund um Verarbeitung und Herkunft.

## Die Sache mit den Zutatenlisten

Industriell verarbeitete Lebensmittel und Fertiggerichte bergen folgende Herausforderung: Der Dschungel der Zutatenlisten wird für den Verbraucher immer undurchsichtiger. Und natürlich steckt System dahinter. Nachdem die Mehrzahl der Konsumenten E-Nummern mittlerweile eher kritisch gegenübersteht, wurde die Taktik kurzerhand geändert. Stattdessen verwenden viele Hersteller nun wieder Bezeichnungen wie Zitronensäure oder Natriumnitrit. Besser oder empfehlenswerter werden die Produkte dadurch aber keinesfalls. Wer also bewusster und gesünder einkaufen möchte, sollte einige einfache Regeln beachten: Bei zu langen Zutatenlisten ist generell Skepsis angebracht. Enthält ein Produkt Zutaten, die man weder kennt noch zuordnen kann, sollte man sich die Frage stellen, ob man dieses Erzeugnis wirklich braucht. Meist eigentlich nicht. Erst denken, dann (vielleicht) essen!

## Noch ein Wort zu Fleisch und Fisch

Der Konsum tierischer Produkte ist ein ganz spezielles und sehr sensibles Thema, das zuweilen zu ausgesprochen hitzigen und emotionalen Debatten führen kann. Da wir in diesem Buch – und auch ganz generell – Tierprodukte in moderatem Maße verwenden, möchten wir an dieser Stelle unsere Sicht der Dinge noch einmal etwas ausführlicher schildern.

Industriell hergestelltes Fleisch von Turborassen – weder artgerecht gehalten noch artgerecht gefüttert – ist nicht nur aus ethischen Gründen fragwürdig. Diese Produkte enthalten einfach weniger Nährstoffe als Fleisch aus Weidehaltung oder Wildfisch. So ist beispielsweise der Gehalt an den besonders gesunden Omega-3-Fettsäuren bei Produkten aus Weidehaltung oder Wildfang signifikant höher als bei jenen aus Intensivtierhaltung. Von Natur aus essen Kühe Gras – und keine aus gentechnisch optimiertem Soja hergestellten Kraft-Pellets! Dies ist natürlich teurer, sorgt aber auch dafür, dass am Ende der Nahrungskette ein wesentlich besseres Produkt steht.

Was viele nicht wissen: Fische in Aquakulturen werden heutzutage in manchen Fällen unter schlimmeren Bedingungen gemästet als Schweine. Fischzuchtbecken zählen sicherlich zu den extremsten Beispielen für industrielle Massentierhaltung. Die Tiere können sich kaum frei bewegen, werden mit gentechnisch veränderten Futtermitteln gefüttert und vorsorglich mit großen Mengen an Antibiotika versorgt. In Maßen empfehlenswert sind daher nur Fleisch aus Weidehaltung oder Wildfleisch, Bio-Fleisch, Fisch aus Wildfang oder biologischer Aquakultur und Bio-Eier sowie biologisch erzeugte Milchprodukte. Auf alle anderen Produkte sollte man besser verzichten.

Weiterhin sollten wir uns fragen, ob es wirklich immer nur das Hähnchenbrustfilet sein muss oder ob wir nicht vielleicht – wie früher – möglichst das ganze Tier verarbeiten wollen, quasi »Nose-to-Tail«, von der Nase bis zum Schwanz. Und auch in Sachen bio gilt es, einige Dinge kritisch zu hinterfragen, denn bei den zahlreichen Bio-Siegeln gibt es Unterschiede hinsichtlich der Richtlinien. Wir persönlich bevorzugen Produkte der Bio-Verbände Bioland, Demeter, Naturland und Neuland. Wer sich mit deren Richtlinien ein wenig beschäftigen möchte, findet beispielsweise auf der Internetseite des VeBu (Vegetarierbund Deutschland) umfassende und seriös recherchierte Informationen. Eine gute Möglichkeit ist es auch, den Bauern oder den Hof persönlich kennenzulernen. Wir kaufen unser Fleisch beispielsweise gern vom LandWert-Hof bei Stralsund. Ein wirklicher Vorzeigebetrieb mit Freiland- und Offenstallhaltung, riesigen Weideflächen und schonender Hausschlachtung vor Ort – ohne Transporte und zusätzlichen Stress. So etwas gibt es in eurer Nähe bestimmt auch.

## SGF-Tipp: Nahrungsqualität – einfach mal nachfragen!

Als Verbraucher müssen wir kritischer und oftmals auch einfach selbstbewusster werden. Wenn wir unser hart erarbeitetes Geld für Lebensmittel ausgeben, dürfen wir ruhig auch Fragen dazu stellen. Es muss uns daher nicht peinlich sein, beim Bäcker nachzufragen, welche Zutaten im Brot stecken. Oder im Restaurant zu fragen, woher das Fleisch stammt oder welche Zutaten bio sind. Bekommen wir auf solche Fragen keine, unzureichende oder gar widerwillige Antworten, sollten wir ernsthaft darüber nachdenken, ob dieser Anbieter unser Vertrauen verdient.

# Kaloriendichte versus Nährstoffdichte

Der eine oder andere wird sich noch an den »Obstgarten« Werbespot aus den Achtzigern erinnern, in dem einer der Darsteller nach einem Snack durch den Boden krachte: »Viele Dinge, die wir essen, sind zu schwer!« Ungeachtet dessen, dass auch der »Obstgarten« ganz sicher nicht zu den besonders empfehlenswerten Zwischenmahlzeiten zählt, hat die Kernaussage des Spots bis heute Bestand. Und ist darüber hinaus aktueller denn je. Die meisten der heute angebotenen sogenannten Lebensmittel – vor allem Fast Food und Fertiggerichte – sind einfach zu schwer. Anders ausgedrückt: Sie verfügen über eine zu hohe Kaloriendichte. Gleichzeitig enthalten sie zu wenig gesunde Inhaltsstoffe, verfügen also über eine relativ geringe Nährstoffdichte. Die Kombination dieser beiden Faktoren wiegt schwer – im wahrsten Sinne des Wortes. Je weniger wir davon essen, desto besser!

## Functional Food versus Real Functional Food

Der Begriff »Functional Food« ist in jüngster Vergangenheit in die Kritik geraten, sicherlich auch nicht ganz unbegründet. Als Functional Food (Funktionelle Lebensmittel) werden Nahrungsmittel bezeichnet, die mit zusätzlichen Inhaltsstoffen angereichert sind; sie werden mit zahlreichen angeblich positiven Effekten für die Gesundheit beworben und nicht selten zu vergleichsweise teuren Preisen verkauft. Beispiele hierfür wären Margarine mit Omega-3-Fettsäuren, Trinkjoghurts mit probiotischen Bakterien und Getränke mit speziellen Vitamin- oder Mineralstoffkombinationen.

Außer dem relativ hohen Preis sprechen weitere Gründe gegen die regelmäßige Verwendung dieser Produkte: Zum einen geht man mittlerweile davon aus, dass der Körper Nährstoffe im natürlichen Nährstoffverbund besser aufnehmen kann als einzelne und in isolierter Form vorliegende; zum anderen sind die diesen Produkten zugesetzten Inhaltsstoffe oft künstlichen Ursprungs. Im Sinne einer möglichst ausgewogenen Ernährungsweise tut man also besser daran, auf solch überflüssige Produkte zugunsten natürlicher Lebensmittel mit einer großen Nährstoffdichte und hohen Anteilen an natürlich vorkommenden Mikronährstoffen zu verzichten – Real Functional Food eben!

## SGF-Tipp: Eisen und Vitamin C

Die Eisenaufnahme aus der Nahrung hängt stark von der sogenannten Bioverfügbarkeit des Eisens ab. Biochemisch unterscheidet man in diesem Zusammenhang zwischen zweiwertigem Hämeisen ($Fe^{2+}$) und dreiwertigem Nicht-Hämeisen ($Fe^{3+}$). Eisen aus pflanzlichen Quellen ($Fe^{3+}$) kann der Körper nicht so gut verwerten wie Eisen tierischer Herkunft. Allerdings gibt es einen Trick: Vitamin C verbessert die Resorption – also die Aufnahme – von Eisen. Besonders pflanzliche Eisenlieferanten wie beispielsweise Spinat, Grünkohl, Hirse, Quinoa oder Linsen sollten daher immer mit etwas natürlichem Vitamin C kombiniert werden. Dies gilt besonders für Vegetarier und Veganer, aber auch ganz allgemein für Frauen. Sie essen oft generell fleisch- und damit eisenärmer als Männer, außerdem verlieren sie durch die Menstruation zusätzlich Eisen.

# Makro- und Mikronährstoffe

Wenn wir uns mit der Qualität unserer Nahrung beschäftigen, ist es sinnvoll, sich mit den einzelnen Makro- und Mikronährstoffen sowie dem Unterschied zwischen beiden auszukennen. Beides müssen wir für eine gesunde, ausgewogene Ernährung im Blick behalten.

## Makronährstoffe – die Energielieferanten

Makronährstoffe sind in unserem Alltag allgegenwärtig. Auf Lebensmittelverpackungen finden wir neben dem allgemeinen Brennwert eines Produktes eine Unterteilung in die Hauptnährstoffe Eiweiß, Kohlenhydrate und Fett. Auch im Rahmen von Diätplänen oder Ernährungsempfehlungen für Sportler werden diese als grundlegende Information immer aufgeführt. Als Haupt- oder Makronährstoffe werden jene Nährstoffe zusammengefasst, die dem Organismus hauptsächlich zur Energiegewinnung dienen, darüber hinaus aber auch andere elementare Aufgaben wie z. B. den Aufbau neuer Gewebestrukturen erfüllen. Vereinfacht kann man die Aufgaben der Makronährstoffe so zusammenfassen: Kohlenhydrate dienen als primärer Energielieferant, Proteine als Baustoff und Fett als Energielieferant und Stoffwechselkatalysator.

### Kohlenhydrate – primärer Energielieferant

Kohlenhydrate sind für unseren Stoffwechsel schneller verfügbar als Fette – daher dienen sie primär zur schnellen und effektiven Energieversorgung. Umgangssprachlich werden sie häufig unter dem Begriff »Zucker« zusammengefasst. Vereinfacht unterscheidet man zwischen »schnellen« (einfachen) und »langsamen« (komplexen) Kohlenhydraten. Schnelle Kohlenhydrate wie z. B. Süße aus Früchten oder Haushaltszucker kann der Körper sehr schnell aufspalten und über den Blutzucker zur Versorgung von Organismus und Gehirn nutzen. Dabei steigt der Blutzuckerspiegel allerdings sehr schnell und relativ stark an. Der Umwandlungsprozess langsamer Kohlenhydrate wie z. B. Stärke dauert entsprechend länger, führt dadurch allerdings auch nur zu einem moderaten Anstieg des Blutzuckers. Diese Unterscheidung wird heute immer wichtiger: Die durchschnittlich zu hohe und zu häufige Zufuhr von schnellen Kohlenhydraten (Einfach- und Zweifachzucker) ist ein Hauptauslöser für ernährungsbedingte Gesundheitsprobleme wie Diabetes. Außerdem ist der Körper in der Lage, überschüssige Kohlenhydrate zu speichern. Zunächst in Form von Glykogen; gut gefüllte Glykogenspeicher sind etwa für Sportler extrem wichtig. Werden trotz gefüllter Glykogenspeicher weitere Kohlenhydrate zugeführt, speichert der Körper diese in Form von Fettdepots. Daher führt eine zu hohe Kohlenhydratzufuhr – vor allem am Abend – auch sehr leicht zu einer Gewichtszunahme. Im Sinne einer gesunden Ernährungsweise sollte die Kohlenhydratzufuhr deshalb generell nur rund die Hälfte der Gesamtkalorien ausmachen und zudem überwiegend aus komplexen und stärkehaltigen Kohlenhydraten sowie Kohlenhydraten aus Früchten gedeckt werden.

Zu den »guten« Kohlenhydraten zählen Vollkornprodukte, Natur- und Wildreis, stärkehaltige Gemüsesorten, Linsen, Kichererbsen, Süßkartoffeln, Kartoffeln, Obst und Trockenobst. Eher »schlechte« Kohlenhydrate sind verarbeitete Kohlenhydrate und Einfachzucker wie beispielsweise isolierte Zuckerarten (Haushaltszucker, Fruktose, Glukose-Fruktose-Sirup etc.), Weizennudeln, Weißmehl, Cornflakes, Marmelade und dergleichen mehr. Diese sollten möglichst eingeschränkt bis gar nicht gegessen werden.

Wer eher weniger Energie benötigt (z. B. Büro-job) oder für wen eine Gewichtskontrolle bzw. -abnahme im Vordergrund steht, sollte neben der Gesamtkalorienzufuhr auch darauf achten, selbst von den »guten« Kohlenhydraten nicht zu viel zu verzehren. Als Alternative und Sättigungsbeilage bieten sich dann grüne Gemüse und nicht-stärkehaltige Gemüsesorten wie z. B. Gurken, Möhren, Kohl, Paprika, Spargel oder Zucchini an. Neben einem geringen Kohlenhydratgehalt weisen sie eine geringe Energiedichte und gleichzeitig einen extrem hohen Nährstoffgehalt auf. Ideal zum Abnehmen und dazu noch richtig gesund!

# Zucker liefert vor allem leere Kalorien

Zucker ist nicht besonders gesund – so viel sollte sich schon herumgesprochen haben. Vor allem raffinierter Haushaltszucker birgt, auch wegen seiner massiven Verbreitung, viele Risiken. Außerdem aber liefert er ausschließlich eines: schnelle, vollständig leere Kalorien.

Dem gegenüber steht unser evolutionär verwurzeltes Verlangen nach Süßem. Über Jahrtausende brauchte der Mensch die Energie süßer Lebensmittel schlicht und ergreifend, um zu überleben. Es handelt sich also in gewisser Weise um ein Laster aus der Steinzeit. Bis heute sind wir bereits als Säuglinge darauf geprägt, Süßes zu bevorzugen. Zum Überleben brauchen wir es allerdings nicht mehr, denn Nahrung ist vielerorts im Überfluss vorhanden. Trotzdem nimmt die Verbreitung von Zucker – auch in versteckter Form – immer weiter zu. Übergewicht und Zivilisationskrankheiten sind die Folge. Den eigenen Zuckerkonsum zu kontrollieren und gegebenenfalls einzuschränken ist daher schlicht eine präventive Gesundheitsvorsorge. Glücklicherweise gibt

es heute zahlreiche natürliche Zuckeralternativen, die beispielsweise den Blutzuckerspiegel langsamer und in geringerem Maße ansteigen lassen – und zusätzlich noch wertvolle Inhaltsstoffe wie Mineralien und Spurenelemente enthalten. Dennoch sollten auch sie sparsam verwendet werden.

# Zuckeralternativen – in Maßen sinnvoll

**Trockenfrüchte** Süße aus Früchten stellt die ursprünglichste und natürlichste Form der Süße dar. Besonders Trockenfrüchte wie Datteln und Feigen sind hervorragend geeignet. Sie enthalten Zucker im natürlichen Nährstoffverbund, der Körper nimmt diese vergleichsweise langsam auf, der Blutzuckerspiegel steigt dementsprechend moderat an. Trockenfrüchte sind vielseitig einsetzbar – entweder fein gehackt oder am besten mit der Küchenmaschine zu einer feinen Paste verarbeitet (Rezept siehe S. 128).

**Dattelzucker/Dattelsirup** Dattelzucker und Dattelsirup sind zwei verhältnismäßig neue Zuckeralternativen. Durch die Verwendung von Datteln als Rohstoff zeichnen sich diese Süßungsmittel zum einen durch ein ideales Verhältnis der Zuckerarten Glukose und Fruktose – nahezu 1:1 – aus, zum anderen enthalten sie wertvolle Mineralstoffe und Spurenelemente.

**Reissirup** Der relativ geschmacksneutrale Reissirup wird durch Fermentation und Wärme aus Reis gewonnen. Er enthält viele wertvolle Mineralstoffe wie beispielsweise Magnesium, Kalzium, Kalium und Eisen, seine Süßkraft entspricht etwa 75 bis 85 Prozent der Süßkraft von weißem Zucker. Reissirup hat zwei Vorteile: Er liefert keine Fruktose und zudem rund 20 Prozent Oligosaccharide, also langkettige Zuckermoleküle, auch Mehrfachzucker genannt. Diese müssen vor der Verstoffwechslung zunächst aufgespalten werden; der Zucker gelangt somit langsamer ins Blut, und der Insulinspiegel steigt dementsprechend flacher an. Daher ist Reissirup auch für Diabetiker geeignet.

**Honig** Honig gilt seit Jahrhunderten als wirksames und vielseitig einsetzbares Naturheilmittel sowie als natürliches Süßungsmittel. Honig enthält – neben den beiden Zuckerarten Fruktose und Glukose – zahlreiche Mineralstoffe und Spurenelemente; zudem sind in ihm wertvolle Enzyme und Antioxidanzien enthalten. Dadurch wirkt Honig antibakteriell und immunstärkend. Honig süßt stärker als Haushaltszucker und kann so dazu beitragen, einige Gramm Kohlenhydrate einzusparen. Honig überzeugt darüber hinaus durch seine Vielfalt: Je nach Region, Jahreszeit und Blütenart liefert er ein immer anderes Aroma.

## SGF-Info: Traditioneller Imkerhonig versus Industriehonig

Nur etwa ein Fünftel des in Deutschland erhältlichen Honigs wird auch hier erzeugt. Der überwiegende Teil wird importiert, die genaue Herkunft muss nicht angegeben werden. Da in einigen Ländern – dazu zählen auch die Haupt-Honigexporteure – der Anbau gentechnisch veränderter Pflanzen zulässig ist, kann man nicht ausschließen, dass diese Honigsorten gentechnisch verändertes Material enthalten. Außerdem wird Industriehonig oftmals gefiltert und pasteurisiert. Bei beiden Vorgängen geht ein Teil der wertvollen Inhaltsstoffe verloren. Wie die meisten Industrieprodukte repräsentiert auch konventioneller Supermarkthonig so ziemlich

das Gegenteil eines nachhaltigen Naturproduktes. Unfiltrierter, regionaler Imkerhonig ist aus diesem Grund immer zu bevorzugen.

## Proteine – bester Baustoff

Proteine oder Eiweiße benötigt der Körper in erster Linie als Baustoff für neues Gewebe. Gleichzeitig haben sie aber auch bei der Immunabwehr, der Bildung von Hormonen und Enzymen sowie bei wichtigen Stoffwechselvorgängen entscheidende Funktionen. Proteine müssen dem Organismus kontinuierlich zugeführt werden. Eine ausgewogene Ernährung sollte daher immer mindestens 10 bis 20 Prozent Protein enthalten.

### Protein ist nicht gleich Protein: Biologische Wertigkeit und Aminosäurengehalt

Die biologische Wertigkeit gibt an, wie effizient ein Nahrungseiweiß in körpereigenes Eiweiß umgewandelt werden kann. Je höher die biologische Wertigkeit, desto höher die Verwertungsrate. Dabei spielt das sogenannte Aminosäurenprofil eine wichtige Rolle. Aminosäuren sind die kleinsten Bausteine der Proteine. Acht dieser Aminosäuren kann der Körper nicht selbst herstellen, sie müssen demnach über die Nahrung zugeführt werden. Daher spricht man in diesem Zusammenhang von essenziellen, lebenswichtigen Aminosäuren. Proteine, die alle essenziellen Aminosäuren enthalten, werden auch als komplette Proteine bezeichnet. Proteine tierischer Herkunft enthalten diese essenziellen Aminosäuren, den meisten pflanzlichen Proteinquellen fehlen einige Bausteine.

### Pflanzliche und tierische Proteine

Eine oft gestellte Frage lautet: Sind pflanzliche Proteine minderwertig? Nein, nicht grundsätzlich. Zum einen gibt es vollständige pflanzliche Proteinlieferanten wie z. B. Quinoa, Amaranth, Hanfsamen, Soja und Lupine. Zum anderen können Proteine miteinander kombiniert werden, um so ein ausgeglichenes Aminosäurenprofil zu erhalten. Hülsenfrüchte sollten beispielsweise zusammen mit Getreide verzehrt werden. Die Kombination muss dabei nicht zwingend, wie lange Zeit angenommen, bei jeder Mahlzeit bestehen, sondern kann ohne Weiteres im Laufe des Tages erfolgen.

Tierische Proteine gelten als hochwertig, enthalten oftmals aber unerwünschte Begleitstoffe wie beispielsweise gesättigte Fette. Zudem werden tierische Proteine sauer verstoffwechselt – ein dauerhaft hoher Konsum kann also zu Übersäuerung und Entzündungserscheinungen führen. Pflanzliche Proteinquellen bieten diesbezüglich Vorteile, liefern aber nicht immer vollständige Aminosäurenprofile. Deshalb sollten beide Quellen im Idealfall miteinander kombiniert werden.

## SGF-Tipp: Proteine machen satt

Eiweiß hat einen weiteren Vorteil: Es macht satt. Daher sind gerade im Rahmen von Diäten eiweißreiche Mahlzeiten – besonders am Abend – von Vorteil.

## Fette – unser Stoffwechselkatalysator

Fett hat eine sehr hohe Energiedichte. Im Vergleich zu Kohlenhydraten und Eiweiß liefert Fett mehr als doppelt so viele Kalorien, nämlich neun statt vier Kilokalorien pro Gramm, und dient dem Organismus so in erster Linie als sehr effektiver Energielieferant und -speicher. Weiterhin sind Fette als Katalysator an wichtigen Stoffwechselprozessen beteiligt, z.B. an der Aufnahme fettlöslicher Vitamine und am Aufbau der Zellwände. Sie haben Sättigungsfunktion und sind letztlich auch ein wichtiger Geschmacksträger. Doch entscheidend ist: Fett ist nicht gleich Fett!

Lange Zeit hatten Fette ein durchweg schlechtes Image, mittlerweile wird das Ganze ein wenig differenzierter betrachtet. Man unterscheidet dabei in der Regel zwischen gesunden – ungesättigten und mehrfach ungesättigten – und ungesunden – verarbeiteten und/oder gesättigten – Fetten. Zu den ganz schlechten Fetten gehören industriell verarbeitete Fette, gehärtete Fette und Transfette, z.B. minderwertige Öle, Margarine, Pommes und Backwaren wie Croissants. Diese sollten komplett gemieden werden. Zu den schlechten Fetten gehören gesättigte tierische Fette, z.B. aus Fleisch und Milchprodukten. Diese sollten reduziert werden. Und zu den guten Fetten schließlich gehören ungesättigte Fette wie beispielsweise native Öle, Nüsse und Kerne, Avocados und bedingt fettreiche Seefische. Diese sollten bevorzugt verzehrt werden.

## SGF-Tipp: Das Verhältnis von Omega 6 zu Omega 3 beachten!

Als ob es nicht schon kompliziert genug wäre – es gibt noch eine weitere Unterscheidung bei der Bewertung von gesundem und ungesundem Fett: das Verhältnis der verschiedenen Omega-Fettsäuren. Omega-6-Fettsäuren heben, bei zu hohem Konsum, die positiven Wirkungen anderer Fettsäuren wieder auf; zudem können sie entzündungsfördernd wirken. Im Idealfall sollte das Verhältnis von Omega-6- zu Omega-3-Fettsäuren bei 2:1 bis 5:1 liegen. Das reale Verhältnis liegt heutzutage, u.a. durch die Vielzahl an verarbeiteten Produkten, eher bei 20:1. Deshalb ist es ratsam, möglichst regelmäßig Lebensmittel mit einem besonders positiven Verhältnis dieser beiden Fettsäuren zuzuführen. Dazu zählen Macadamianüsse, Walnüsse, Hanf-, Chia- und Leinsamen, native Öle wie z.B. Leinöl, Rapsöl und Olivenöl, fette Seefische aus Wildfang, vor allem Hering, Lachs und Sardinen, Wildfleisch und Fleisch aus Weidehaltung.

# Mikronährstoffe – wichtig für Stoffwechselprozesse

Im Gegensatz zu den Makronährstoffen kommen Mikronährstoffe in unserer Nahrung in weitaus geringeren Mengen vor und dienen daher nicht der Energiegewinnung, sondern der Unterstützung wichtiger Stoffwechselprozesse wie z.B. der Hormonbildung oder der Funktion des Immunsystems. Unter dem Begriff »Mikronährstoffe« werden u.a. Vitamine, Mineralstoffe, Spurenelemente, Enzyme, sekundäre Pflanzenstoffe, Antioxidanzien und Chlorophyll verstanden. Die regelmäßige Zufuhr dieser Stoffe hat einen bedeutenden Einfluss auf unser Wohlbefinden und die körperliche Leistungsfähigkeit. Im Sinne der ganzheitlichen Ernährungsphilosophie sollten diese Stoffe möglichst in ihrer natürlichen Form und im natürlichen Nährstoffverbund aufgenommen werden.

# Superfoods:
# Alles super, oder was?!

Superfoods sind ein Trend unserer Zeit und gleichzeitig eines der meistdiskutierten Themen im Ernährungsbereich. Während sie für die einen unverzichtbar sind, bezeichnen andere sie als nutzlos oder reine Bauernfängerei. Dabei liegt die Wahrheit wie immer in der Mitte.

## Was sind Superfoods?

Diese Frage ist nicht ganz leicht zu beantworten, vor allem auch deshalb, weil die Bezeichnung »Superfood« kein geschützter Begriff ist. Theoretisch könnte man also auch Leberwurst als Superfood bezeichnen – was vermutlich etwas am Thema vorbeiginge. Hinzu kommt ein weiterer Aspekt: die persönliche Ernährungsphilosophie. Für den veganen Rohköstler sieht die Auswahl seiner persönlichen Superfoods sicherlich etwas anders aus als für den überzeugten Anhänger der Paleo-Ernährung. Wenngleich die Gemeinsamkeiten zwischen diesen beiden auf den ersten Blick grundverschiedenen Ernährungsphilosophien mitunter erstaunlich groß ausfallen. Eine mögliche Definition des Begriffs »Superfood« lautet wie folgt: ein natürliches Lebensmittel mit besonders hoher Nährstoffdichte und mit außergewöhnlich vielen positiven Wirkungen auf das körperliche Wohlbefinden und die physische Leistungsfähigkeit. Dabei macht sie gerade der erste Punkt, ihre überdurchschnittlich hohe Nährstoffdichte, in der heutigen Zeit so wertvoll. Teilweise werden sie bereits seit Jahrhunderten von den sogenannten Urvölkern verwendet. So nutzten beispielsweise schon die Azteken selbst zubereitete »Gels« aus Chiasamen – Pinole genannt – zur Energieversorgung auf ihren oft tagelangen Dschungelmärschen. Ähnliches gilt für unsere regionalen Superfoods. Lebensmittel wie Buchweizen, Grünkohl, Leinsamen und Rote Bete haben schon unsere Großeltern zuverlässig mit Nährstoffen versorgt. Höchste Zeit, dass diese gesunden Klassiker neu interpretiert auf unseren Tellern landen!

## Achtung: Keine Wundermittel!

Trotz all ihrer zahlreichen Vorzüge sind Superfoods eines aber ganz gewiss nicht: Wundermittel oder gar ein Ersatz für eine ausgewogene und gesunde Ernährung. Wenn die Basis nicht stimmt, bringen uns auch die teuersten Superfoods keinen nennenswerten Vorteil. Der Genuss eines Detox-Smoothies nach dem Mittagsmenü beim Burger-König des Vertrauens mag vielleicht das Gewissen beruhigen – mehr aber auch nicht. Superfoods unreflektiert über den grünen Klee zu loben ist genau so unseriös, wie sie im Rahmen einer schlecht recherchierten Zeitungskolumne zu verreißen. Die Wahrheit liegt, wie schon gesagt, irgendwo in der Mitte.

## Was unsere Großmutter schon wusste

Als Superfood dürfen nicht nur aktuelle Trendprodukte verstanden werden. Auch altbekannte Lebensmittel zählen hierzu. Nachstehend findet ihr einige Beispiele; die Aufzählung ist keinesfalls vollständig, das wäre in diesem Rahmen nicht leistbar. Zu den regionalen Superfoods können Aroniabeere, Brokkoli, Brombeere, Brunnenkresse, Grünkohl, Heidelbeere, Leinsamen, Löwenzahn, Mangold, Spinat und Walnuss gezählt werden. Als exotisches Superfood kommen Acai, Acerola, Avocado, Chiasamen, Gojibeere, Hanfsamen, Kakaobohne, Kokos, Maca, Matcha und Quinoa daher. Ebenso gibt es zahlreiche Kräuter, die besonders gesundheitsfördernde Eigenschaften besitzen. Petersilie, Koriander, Basilikum, Rosmarin, Thymian, Salbei und Minze zählen dazu, um nur einige zu nennen. Auch Gewürze wirken sich positiv auf unsere Gesundheit aus und haben echtes Superfoodpotenzial. Chili, Ingwer, Kurkuma, Knoblauch, Kreuzkümmel, Kümmel, Kardamom und Koriandersamen gehören u. a. dazu. Damit die wertvollen Inhaltsstoffe nicht verfliegen, sollte möglichst auf ganze Ware zurückgegriffen werden, die vor dem Verzehr frisch zerkleinert wird.

## Superfoods: Regional oder exotisch?

Eine Frage, an der sich die Geister zuweilen scheiden: Sollen wir regelmäßig exotische Superfoods verwenden oder aus Gründen der Nachhaltigkeit und auch aufgrund des Preises lieber nur auf heimische Obst- und Gemüsesorten setzen? Diese Frage beantwortet ein jeder am besten für sich selbst. Wir verwenden regelmäßig verschiedene exotische Varianten, kombinieren diese aber auch sehr gern mit den heimischen Superhelden – sofern diese gerade Saison haben. Die richtige Balance ist eben auch hier entscheidend, finden wir!

# Qualität vor Quantität

Viel hilft nicht immer viel, so viel ist sicher. Und bei allem Hype sollten vor allem Superfoods immer auch mit Sinn und Verstand konsumiert werden. Insbesondere aber sollte man auf eines achten: die Qualität der angebotenen Produkte. Dazu ein Beispiel: Statt konventionell angebauter Gojibeeren aus China verwenden wir lieber heimische Bio-Blaubeeren oder Aroniabeeren. Gerade teure Superfoods, die wir in erster Linie wegen ihrer ernährungsphysiologischen Eigenschaften verwenden, sollten grundsätzlich frei von Pestiziden und anderen Schadstoffen sein. Die Auswahl an Superfoods ist riesig. Es gibt Supergemüse, Superfrüchte, Superbeeren, Superkräuter und Supergewürze. Teilweise sind diese, darunter etwa Acai, Chiasamen oder Matcha, hierzulande noch recht unbekannt. Andere Superfoods wie z. B. Avocado, Grünkohl oder Beerenfrüchte kennen wir schon lange – lange Zeit wurde aber unterschätzt, wie wertvoll sie eigentlich sind. Ein Paradebeispiel: der Grünkohl. In heimischen Küchen über Generationen im Schmortopf verendet, macht der grüne Kohl gerade so richtig Karriere. Und dies völlig zu Recht! Denn an Nährstoffdichte und Zubereitungsvariationen ist dieses heimische Superfood kaum zu übertreffen.

## Grünkohl – das Superfood schlechthin

Grünkohl enthält so viele gesunde Nährstoffe, dass man ihn eigentlich schon als besonderes Nahrungsergänzungsmittel bezeichnen müsste. Zudem ist Grünkohl regional, preiswert und – was oftmals unterschätzt wird – extrem vielseitig. Egal ob als Zutat im grünen Smoothie, als Grundlage für Pesto, als nährstoffreicher Salat, Schmorgemüse oder Beilage, gedörrt als Chips oder einfach zusammen mit leckerer Pasta: Grünkohl kann man eigentlich gar nicht oft genug essen! Er enthält besonders viel Vitamin C, dazu Vitamin A und Folsäure. Weiterhin wertvolle Mineralstoffe wie Kalzium, Magnesium, Eisen und verdauungsfördernde Ballaststoffe. Doch damit noch lange nicht genug. Grünkohl enthält eine Vielzahl an antioxidativ wirksamen sekundären Pflanzenstoffen, gesunde Bitterstoffe, die ganz nebenbei den Fettstoffwechsel ankurbeln, und antibakterielle Senföle. Alles in allem ein echtes Kraftpaket für unser Wohlbefinden. Um das breite Spektrum an gesunden Inhaltsstoffen möglichst vollständig aufzunehmen, sollte Grünkohl auch in Form von Rohkost, etwa in einem Smoothie oder als Salat, verzehrt werden.

## Heute schon den Grünkohl massiert?

Um Grünkohl angenehm weich und zart zu bekommen, sollte man die Blätter vor dem Verzehr mit den Händen bearbeiten, also massieren. Die Massage mit Zitronensaft und Meersalz durchbricht die harten Zellwände. Dadurch werden die Blätter weicher, zudem nimmt ihnen dieser Vorgang die bittere Note. Durch die Kombination mit Olivenöl nimmt der Grünkohl außerdem die wohlschmeckenden Aromen auf und bekommt so einen ganz besonders feinen Geschmack. Nach der »Massage« sieht der Grünkohl dann schon fast wie gedünstet aus. Übrigens: Die Massage mit dem Olivenöl pflegt gleichzeitig die Hände, macht sie zart und geschmeidig. Ein Grund mehr, es einmal auszuprobieren. Und so geht's: Grünkohl waschen und trockenschleudern, anschließend die Blätter von den Stielen trennen und in mundgerechte Stücke zupfen. In eine Schüssel geben, Salz, Zitronensaft und Olivenöl hinzufügen und mit gleichmäßigen Bewegungen einige Minuten bearbeiten – »massieren« –, bis der Grünkohl weicher und milder wird. Den Grünkohl dann mit anderen Zutaten weiterverarbeiten. Er schmeckt gut mit Obst, z. B. mit Orangen, oder auch mit Paprika, Kichererbsen, Möhren oder Nüssen.

# Ernährungstrend
# Clean Eating

Beim Clean Eating geht es in erster Linie darum, so ursprünglich, natürlich und vor allem so naturbelassen wie möglich zu essen. »Sauber« zu essen bedeutet, auf Konservierungsmittel, Farbstoffe, Aromen, Süßstoffe, Zucker, Auszugsmehle, raffinierte Fette und andere künstliche Zutaten komplett zu verzichten. Je nach persönlicher Auslegung können die unterschiedlichsten Ernährungsphilosophien als Clean Eating betrachtet werden. So kann man das Clean Eating beispielsweise vegan, vegetarisch, flexitarisch oder auf Paleo-Basis umsetzen. Clean Eating ist demnach sicherlich einer der größten Ernährungstrends unserer Zeit und wird sich – genau wie die vegetarische und flexitarische Ernährungsweise – fest in der Gesellschaft etablieren. Da auch wir bekanntermaßen bekennende Fans dieses eigentlich gar nicht so neuen Ernährungskonzepts sind, möchten wir es euch an dieser Stelle etwas näherbringen. Was genau verbirgt sich dahinter?

Clean Eating ist der Weg zurück zu einer ursprünglicheren Ernährungsweise. Der Trend kommt, wie sollte es anders sein, aus den USA. Geprägt wurde der Begriff von der US-Autorin Tosca Reno. Ihr Bestseller *The Eat-Clean Diet Recharged!* hat vor allem eines bewirkt: dass sich wieder mehr Menschen Gedanken um die Qualität und Herkunft ihrer Lebensmittel machen. Die Ernährung hat einen großen Einfluss auf unser Wohlbefinden und unsere körperliche Leistungsfähigkeit. So wie ein Auto benötigt auch der Körper geeigneten und möglichst einwandfreien, also sauberen Kraftstoff. Demnach ist es wichtig, dass wir ihn zum einen mit dem versorgen, was er wirklich braucht, und ihm zum anderen unnötigen Ballast ersparen. Klingt zunächst einfach, ist in der Praxis heute aber gar nicht so leicht. Ein Großteil der »Lebensmittel«, die wir kaufen können, wurde mehr oder weniger stark verarbeitet, mit unerwünschten Zusatzstoffen angereichert, durch Konservierungsmittel haltbar gemacht oder mit Aromen geschmacklich aufgepeppt. Dabei macht es die oftmals unzureichende Kennzeichnung dieser Stoffe für viele Verbraucher noch schwieriger, gute von schlechten Lebensmitteln zu unterscheiden. Möglichst viel frisch zu kochen und möglichst viel selbst zuzubereiten sind demnach zwei elementare Grundregeln des Clean Eating.

## Die wichtigsten Clean-Eating-Prinzipien

**#1: Unbedingt frühstücken** Da die körpereigenen Speicher während der Nacht weitestgehend geleert wurden, benötigt der Körper nach der Ruhephase frische Energie. Ein nährstoffreiches Frühstück ist daher die wichtigste Grundlage für den Tag, auch für die Konzentrationsfähigkeit. Zudem stärkt es das Immunsystem, kurbelt den Stoffwechsel an und beugt Heißhungerattacken am Vormittag vor. Ein ideales Frühstück enthält hochwertiges Eiweiß, komplexe Kohlenhydrate, gesunde Fette und vor allem auch Ballaststoffe. Ein gutes Beispiel dafür: ein frisch zubereitetes Superfood-Birchermüsli (Rezept siehe S. 29).

**#2: Mehrere kleine Mahlzeiten** Tosca Reno schlägt vor, über den Tag verteilt sechs kleine Mahlzeiten zu essen. Zwischen Frühstück, Mittagessen und Abendessen und vor dem Zubettgehen empfiehlt sie eine Zwischenmahlzeit. Auch Snacks und Zwischenmahlzeiten sollten so natürlich wie möglich sein, z.B. ein Apfel und eine Handvoll Nüsse sowie einige Trockenfrüchte. Dies sollte jedoch eher als Leitlinie gesehen werden. Wichtig dabei: instinktiv essen, auf den Körper hören. Wer keinen Hunger hat, verzichtet auf die Zwischenmahlzeit. Zudem würden wir eher dazu raten, auf den Snack vor dem Zubettgehen zu verzichten – umso länger hat unser Verdauungstrakt die Gelegenheit zu regenerieren, und die Bauchspeicheldrüse schüttet so über einen längeren Zeitraum kein Insulin aus.

**#3: SORGFÄLTIG KAUEN – LANGSAM ESSEN** Wer länger kaut, ist schneller satt! Und isst somit automatisch weniger als diejenigen, die ihr Essen runterschlingen. Das Sättigungsgefühl setzt erst nach 15 bis 20 Minuten ein. Durch gründliches Kauen geben wir unserem Körper also die Zeit, uns zu signalisieren, wann die richtige Menge erreicht ist. Die Nahrung wird effektiv zerkleinert und durch den Speichel enzymatisch aufgespalten. Dem Darm wird die anstrengende Verdauungsarbeit erleichtert, Nährstoffe können besser verwertet werden. Durch sorgfältiges Kauen wird mehr Lymphflüssigkeit im Speichel freigesetzt, was wiederum die Abwehrzellen im Magen-Darm-Kanal aktiviert. Eine Faustregel besagt, dass man jeden Bissen etwa 30-mal kauen sollte, bevor man ihn schluckt. Ständig mitzählen muss man nun aber auch nicht ...

**#4: MÖGLICHST BEI ALLEN MAHLZEITEN EIWEISS, KOMPLEXE KOHLENHYDRATE UND GUTE FETTE KOMBINIEREN** Die Kombination aus hochwertigem Eiweiß, komplexen Kohlenhydraten und gesunden Fetten versorgt den Körper auf ideale Weise, sorgt für ein lang anhaltendes Sättigungsgefühl und einen stabilen Blutzuckerspiegel. Ein Beispiel für eine ideale Kombination: Quinoa und Linsen mit Gemüse und etwas Avocado. Es ist allerdings auch keine Katastrophe, wenn das mal nicht so gelingt. Man kann dies durchaus bei der nächsten Mahlzeit ausbügeln.

**#5: KOCHSALZ, INDUSTRIEZUCKER UND KÜNSTLICHE SÜSSSTOFFE MEIDEN** Hier sind gleich drei Hauptverdächtige auf einmal versammelt. Aufgrund von zwei entscheidenden Faktoren sind diese Stoffe aber in unglaublich vielen Lebensmitteln und Produkten zu finden: Sie beeinflussen den Geschmack eines Produkts entscheidend – und sind gleichzeitig billig.

**SALZ** Viele Menschen essen davon mehr als nötig, auch weil (Industrie-)Salz, genau wie Zucker, in vielen Lebensmitteln versteckt ist. Zudem wichtig: Auf chemisch raffinierte Salze mit sogenannten Rieselhilfen sollte gänzlich verzichtet werden. Am besten zu Hause mineralstoffreiches Meer- oder Steinsalz in Maßen verwenden. Dies empfehlen wir auch ausdrücklich in unseren Rezepten, in denen allgemein von Salz die Rede ist.

**ZUCKER** Volksdroge Nummer eins, hauptverantwortlich für eine ganze Reihe ernährungsbedingter Krankheiten und vor allem Lieferant vollständig leerer Kalorien. Bessere Alternativen: Süße aus Früchten, Reissirup oder auch Kokosblütenzucker.

**KÜNSTLICHE SÜSSSTOFFE** Nicht nur Aspartam steht zu Recht in der Kritik. Die Langzeitfolgen künstlicher Süßstoffe kann kaum jemand wirklich seriös beurteilen, vor allem auch wegen ihrer massiven Verbreitung. Und wie der Name es schon verrät: Mit dem Prinzip des ursprünglichen Essens haben alle diese Stoffe rein gar nichts zu tun.

**#6: ZUSATZSTOFFE GENERELL MEIDEN** Auch dieser Punkt versteht sich von selbst. Konservierungsmittel, Farbstoffe, Aromen, Geschmacksverstärker, Zitronensäure und wie sie alle heißen – der Körper braucht sie nicht, und viele Zusatzstoffe sind zumindest umstritten. Daher mögliche Risiken ausräumen und Zutatenlisten aufmerksam lesen. Enthält ein Produkt Zusatzstoffe, die wir nicht kennen oder aussprechen können: stehen lassen!

**#7: AUSREICHEND TRINKEN** Zwei bis drei Liter am Tag sollten es mindestens sein. Am besten Wasser. Alternativ ungesüßter Tee und/oder Schorlen mit geringem Fruchtanteil. Keine Limonaden, Fruchtsaftgetränke & Co., natürlich auch möglichst kein Alkohol. Natürlich werfen uns ein bis zwei Gläschen Bier nicht aus der Bahn. In der Woche, versteht sich ...

#### #8: FRISCHES GEMÜSE UND OBST, AM BESTEN NACH SAISON
Obst und vor allem Gemüse versorgen den Körper mit einer Vielzahl an Mikronährstoffen wie z.B. Enzymen, sekundären Pflanzenstoffen, Antioxidanzien & Co. Am besten ist ein Mix aus Rohkost, erhitztem Gemüse und frischen Smoothies, möglichst saisonal und regional.

#### #9: GESUNDE FETTE ESSEN, SCHLECHTE FETTE MEIDEN
Faustregel: Möglichst viele ungesättigte Fette, z.B. in Form von hochwertigen pflanzlichen Ölen, Nüssen, Avocados oder Samen, verzehren. Gesättigte Fette, beispielsweise aus tierischen Produkten wie Käse oder Fleisch, sollten möglichst reduziert, gehärtete Fette (»Transfette«) gänzlich gemieden werden. Das bedeutet, auf Croissants, Margarine, Chips und Pommes weitgehend zu verzichten.

Keine Regel ohne Ausnahme: Kokosfett enthält zwar gesättigte Fette, liefert allerdings wertvolle mittelkettige Fettsäuren. Diese wirken stoffwechselanregend, der Körper kann sie gut in Energie umwandeln. Zudem eignet sich Kokosöl aufgrund seines hohen Rauchpunktes und intensiven Aromas hervorragend zum Braten und Schmoren und sollte daher in keiner Superfood-Küche fehlen.

#### #10: EINFACHE KOHLENHYDRATE, WEISSMEHL UND WEIZEN MEIDEN
Vollkornnudeln statt Hartweizennudeln, Vollkornbrot auf Sauerteigbasis statt Industriebackwaren, Urgetreide wie Dinkel, Emmer oder Einkorn statt hochgezüchtetem Weizen.

#### #11: SO VIEL BIO WIE MÖGLICH
Ein Punkt, den jeder für sich selbst beurteilen und anwenden kann. Für uns sind Bio-Lebensmittel einfach die bessere Wahl. Erst recht dann, wenn man sauberer und ursprünglicher essen möchte. Früher war alles bio – heute ist es leider die Ausnahme.

#### #12: FINDE DEINEN EIGENEN, DEINEN GANZ PERSÖNLICHEN WEG!
Beim Clean Eating gibt es keinen Königsweg und keine allgemeingültige Richtlinie. Jeder Mensch ist anders und jeder Mensch isst auch anders. Daher sollte man bei der Umsetzung des Clean Eating vor allem auf den eigenen Körper hören. Dieses Gespür ist sicherlich vielen von uns ein wenig abhandengekommen. Clean Eating kann daher auch ein Weg zu einem neuen Körpergefühl sein. Gemäß der jeweiligen Ernährungsphilosophie kann man beim Clean Eating die oben genannten Leitlinien mit Ansätzen unterschiedlicher Konzepte und Methoden (vegan, vegetarisch, Paleo) kombinieren, bis man den für sich selbst idealen Ansatz gefunden hat.

Am allerwichtigsten ist, dass wir uns einfach wieder mehr Gedanken darüber machen, was wir essen und warum. Clean Eating ist ein einfaches und natürliches Ernährungskonzept – ohne Kalorienzählerei, ohne komplizierte Regeln, ohne Apps, ohne Stress. Es kann der Weg zu einem neuen Körpergefühl und zu einem neuen, besseren Verständnis für Nahrungsmittel sein. Clean Eating befriedigt das Bedürfnis unseres Körpers nach guten, natürlichen Lebensmitteln. Essen nach den Prinzipien des Clean Eating kurbelt den Stoffwechsel an, verleiht mehr Energie im Alltag, unterstützt die körperliche Leistungsfähigkeit, verbessert die Verdauung, stärkt das Immunsystem und kann die Gewichtsabnahme unterstützen. Alles in allem eine ganze Menge guter Gründe, es einmal auszuprobieren.

# DIE KITCHEN-BASICS

Unsere Kitchen-Basics betreffen in erster Linie zwei Bereiche: Küchenorganisation und Küchenausrüstung. Im Anschluss findet ihr noch einige Tipps zum Sofort-Loslegen. Und ganz im Sinne des Clean Eating lautet das oberste Küchenprinzip dabei: DIY, do it yourself, selber machen! Dann weiß man, was drin ist, und die frische Zubereitung ist garantiert.

## KÜCHENORGANISATION: PREPARATION IS THE KEY!

Damit wir unsere Küche zur »SuperGoodFood-Kitchen« umfunktionieren können, benötigen wir zunächst ein wenig Platz. Zeit für den Schrank-Check! Das bewusste Aufräumen – genau wie das Aussortieren des Kellers beim Umzug – kann rein psychologisch einen sauberen Schnitt darstellen und so symbolisch für einen frischen und erfrischenden Neubeginn stehen. Zum Start in ein neues (Küchen-)Leben braucht es eigentlich nur drei Dinge: das Wissen um die richtigen Lebensmittel und möglichst einfache Rezepte (beides findet ihr in diesem Buch), gesunde und frische Zutaten für die ersten Küchenexperimente und Vorratsschränke, in denen möglichst wenig Alltagsfallen auf uns lauern. Dann kann eigentlich nicht mehr viel schiefgehen.

### SCHRANK-CHECK: WAS SOLLTE RAUS?

Die folgenden Lebensmittel und Produkte sollten entweder noch schnell gegessen oder ausgemustert und an dankbare Freunde oder die Familie abgegeben oder zur Tafel gebracht werden: Tiefkühlpizza, Fertiggerichte, Fertigsaucen & Co., vor allem jene, die neben zu vielen Kalorien noch Zusatzstoffe enthalten, Wurstwaren, verarbeitete Fleischerzeugnisse, Fertigsalate, Chips, Salzstangen, Süßigkeiten, gezuckerte Fertigmüslis und Cornflakes, Joghurtzubereitungen, Puddings und dergleichen, Industriezucker, Süßstoffe, raffiniertes Salz, minderwertige Öle wie z.B. raffiniertes Sonnenblumenöl, homogenisierte Milch, gezuckerte Getränke, Limonaden, Cola, Fruchtnektare, fertige Fruchtsmoothies, Diätprodukte aller Art.

### SCHRANK-CHECK: WAS MUSS REIN?

Nun haben wir genug Platz für die guten Sachen, beispielsweise frisches Gemüse und Obst, Salate und Wildsalate, gesunde Beilagen wie z.B. Kartoffeln, Süßkartoffeln, Vollkorn- und Wildreis, Quinoa, Hirse, hochwertige Öle und Fette wie natives Olivenöl, Rohkost-Leinöl, Kokosöl, Ghee, Trockenfrüchte, Nüsse, Samen, Superfoods, Vollkorngetreide und Vollkorngetreideflocken, hochwertige Müslimischungen, Milchalternativen wie Mandelmilch, Hafermilch, Kokosmilch, Meer- oder Himalajasalz, Pfeffer, am besten aus der Mühle, frische Kräuter und Gewürze, Nuss- und Mandelmus, Naturjoghurt oder vegane Alternativen, fettarmen Käse und Tofu.

### SGF-TIPP: FERTIGPRODUKTE

Nicht alle Fertigprodukte sind schlecht. Außerdem muss es im Alltag manchmal – aller Theorie über die Vorteile von frisch zubereiteten Gerichten zum Trotz – nicht nur schnell, sondern blitzschnell gehen. Wenn Qualität und Zutaten stimmen, können wir diese gelegentlich ruhigen Gewissens verwenden. Mittlerweile findet sich im Supermarkt ein immer größeres Sortiment an relativ »cleanen« und transparenten Convenience-Produkten, Tiefkühl- oder Trockenware wie z.B. Suppen oder Pfannengerichte von Frosta (leider keine Bio-Ware) oder Davert (im Bio-Markt erhältlich). Fertiggerichte können durch die Zugabe von frischem Gemüse ganz einfach und mit minimalem Zeitaufwand aufgewertet werden. Zutaten wie frische Paprika, Möhren, Tomaten oder eine Handvoll Spinat ergänzen unser schnelles Gericht mit einigen zusätzlichen, frischen und bio-aktiven Nährstoffen.

### »Meal Prep« – spart Zeit und Geld

Vorkochen und Reste verwerten – das klingt zwar etwas »oldschool«, ist aber mehr als zeitgemäß. Denn Essen vorzukochen spart nicht nur Zeit, sondern auch Geld. Vor allem aber bieten uns diese Mahlzeiten gute Alternativen zu Kantinenessen und Fast Food. Außerdem wissen wir so ganz genau, was drin ist! »Meal Prep«, wie es auf Neudeutsch heißt, ist also eine wirklich gute Idee. Ein Trick dabei: möglichst einfache Gerichte auswählen, die mehrere Tage im Kühlschrank haltbar sind. Vor allem Suppen und Eintöpfe sind hierzu besonders gut geeignet, da sie am nächsten und übernächsten Tag meist noch besser schmecken und gut mit anderen Speisen kombiniert werden können. Zum Transport eignen sich je nach Anspruch und Budget recycelte Joghurtgläser oder stylische Food-Container. Letztere sind auch als isolierte Behälter im Angebot; so kann man auch unterwegs eine warme oder kalte Mahlzeit genießen.

# Küchenausrüstung: Das Equipment

Auch wenn die SuperGoodFood-Ernährungsphilosophie zum großen Teil darauf basiert, wieder natürlicher und ursprünglicher zu essen, so sind in der Küche moderne Hilfsmittel nicht nur erlaubt, sondern ausdrücklich empfohlen. Denn die Errungenschaften der fortgeschrittenen Haushaltstechnik erleichtern die Arbeit in der Küche ungemein – vor allem wenn es einmal schnell gehen soll!

Neben klassischen Küchen-Basics wie Töpfen, Pfannen, Küchenwaage, Küchenreibe, Schneidebrettern und scharfen Messern kann dabei auch – je nach Priorität und Budget – moderner Hightech hilfreich sein. Auch wenn für die Rezepte in diesem Buch nicht zwingend alle Gerätschaften benötigt werden, möchten wir euch in diesem Kapitel einige hilfreiche Tools vorstellen.

Aber keine Angst – es müssen nicht sofort Hunderte von Euros in die Küchenausstattung investiert werden. Zunächst solltet ihr euch mit dem vorhandenen Equipment ganz entspannt herantasten. Und wenn es irgendwann doch auf eine Neuanschaffung hinausläuft: Wer etwas mehr ausgibt, hat meist deutlich länger etwas

von seinem neuen Gerät, zudem funktionieren die etwas teureren Geräte in der Regel auch deutlich besser. Nicht zuletzt spricht aber ein entscheidender Grund dafür, ein wenig mehr Budget anzulegen: Elektroschrott produziert unsere Gesellschaft ohnehin bereits mehr als genug.

### Ausrüstung – die SGF-Basics im Überblick

**Salatschleuder** Verwässerter Salat schmeckt ungefähr so gut wie nicht richtig abgegossene Nudeln. Eine gut zu bedienende und gut zu reinigende, möglichst haltbare Salatschleuder zählt daher zu den absoluten Musthaves der modernen Küche.

**Stabmixer/Pürierstab** Ein echter Küchenklassiker für den täglichen Gebrauch, zum Zubereiten von Suppen, Saucen, Cremes, Dips etc.

**Hochleistungsmixer** Ein Hochleistungsmixer zählt ebenso wie eine professionelle Küchenmaschine zu den wirklich hilfreichen Geräten in der Küche. Allerdings leider auch zu den echt teuren. Beides – Profimixer und Küchenmaschine – gehört daher zu den Anschaffungen, die man sicherlich gut überdenken sollte. Ein Hochleis-

tungsmixer ist in der Lage, Zutaten in kurzer Zeit zu zerkleinern und die Nährstoffe effektiv und mit geringer Hitzeeinwirkung aufzuspalten. Für grüne Smoothies unerlässlich – aber auch für Nussmilch, Nussmus, Desserts u. Ä. sehr praktisch. Hochwertige Mixer zeichnen sich u. a. durch folgende Features aus: ausreichende Motorleistung, hohe Drehzahlen (> 30 000 U/Min), hochwertiges Schneidewerk und bpa-freie Behälter.

**KÜCHENMASCHINE** Ebenfalls nicht günstig, aber sehr hilfreich. Der Hauptvorteil einer Küchenmaschine liegt darin, dass sich damit viele sonst mühsame und zeitintensive Arbeitsschritte wesentlich leichter, schneller und angenehmer erledigen lassen. Insbesondere lassen sich größere Mengen von Gemüse verarbeiten und in Windeseile z. B. in einen Rohkostsalat verwandeln.

**MÖRSER** Nicht nur in der gehobenen Küche elementar. Mit einem Mörser können Gewürze auf einfache Art schnell frisch gemahlen werden. Gut fürs Aroma – und gut für die Gesundheit. Die wertvollen Inhaltsstoffe wie etwa ätherische Öle können so ihre positiven Wirkungen voll entfalten. Am besten einen hochwertigen, schweren Mörser aus Granit verwenden.

**AUFBEWAHRUNGS- UND TRANSPORTBEHÄLTER** Sie gehören definitiv zu den Must-haves der SuperGoodFood-Küche, nicht nur, wenn etwas übrig bleibt. Sie erleichtern vor allem die tägliche und wöchentliche Vorbereitung der Speisen. Je nach Anspruch und Budget können es recycelte Gläser oder bpa-freie Edelstahlbehälter sein.

**PASSENDEN ZEITPUNKT FINDEN** Wer bei null beginnt, benötigt erfahrungsgemäß gerade in den ersten Tagen etwas mehr Zeit zur Orientierung. Ein verlängertes Wochenende oder ein paar freie Tage wären als Starttermin perfekt geeignet.

**EINKAUFEN GEHEN** Für einen erfolgreichen Start benötigt ihr vor allem eine Grundausstattung an frischen Lebensmitteln. Sucht euch am besten zwei bis drei einfache Rezepte aus diesem Buch aus und besorgt die entsprechenden Zutaten. Zwei ganz wichtige Grundregeln beim Einkaufen: vorher eine Einkaufsliste schreiben und nie mit leerem Magen losziehen. So können unnötige Impulskäufe vermieden werden.

**DIE ERSTE ARBEITSWOCHE NACH DEM START** Jetzt gilt es! Bereitet euch sonntags ein Gericht, das besonders gut zum Mitnehmen geeignet ist, zu und nehmt euer Essen mit zur Arbeit oder auf Dienstreise. Für den kleinen Hunger am Nachmittag bieten sich z. B. ein Birchermüsli, ein Fruchtquark oder selbst gemachte Kraftriegel an. Erfahrungsgemäß funktioniert die Sache mit der Vorbereitung im Alltag nicht immer – manchmal kommt man einfach nicht dazu. Kein Grund zu verzweifeln! Auch das Angebot an geeigneten Lebensmitteln wächst. Sucht euch also in der Nähe eures Arbeitsplatzes ein paar geeignete Restaurants mit möglichst »cleanem« Angebot oder einen Supermarkt mit SB-Salattheke. Und wie gesagt: Alles kann – nichts muss.

# LET'S GET STARTED – ALLER ANFANG IST ... LEICHT!

Die wichtigste Grundregel – zumindest unserer Meinung nach – lautet: Take it easy! Viele kleine Schritte ergeben einen großen. Wichtig ist nur eines: dass wir ganz bewusst den ersten Schritt machen! Erfahrungsgemäß entwickelt sich daraus recht schnell eine eigene Dynamik, und Dinge, die noch vor Kurzem eine große Umstellung bedeuteten, sind bereits nach kurzer Zeit in Fleisch und Blut übergegangen. Für absolute Neueinsteiger an dieser Stelle daher ein paar Tipps für einen leichteren Start.

FRÜH-
STÜCK

# SUPERFOOD-MÜSLI
# FÜR (FAST) JEDEN TAG

## Zutaten FÜR 24 PORTIONEN À 40 G

- 150 g Trockenfrüchte, z. B. Aprikosen, Datteln, Feigen, Ananas
- 400 g Getreideflocken
- 50 g Gojibeeren

- 50 g Kokosflocken
- 50 g Nüsse, z. B. Walnüsse, Haselnüsse, Paranüsse
- 30 g Mandeln
- 50 g Kakaonibs

- 50 g Leinsamen
- 50 g Sonnenblumenkerne
- 30 g Chiasamen
- ½ TL gemahlene Vanille oder gemahlener Zimt

## Zubereitung

- Trockenfrüchte zerkleinern, dann alle Zutaten in einer Schüssel vermengen, in ein Schraubglas füllen, fertig!

### SGF-Tipp

Das Müsli hält sich in einem verschließbaren Glas lange Zeit. Der Aufwand, eine größere Portion herzustellen, ist fast ebenso gering wie bei der Herstellung einer kleineren Frühstücksportion. Hier lohnt es sich also, auf Vorrat zu produzieren. Das Rezept ist dabei total flexibel. Wenn ihr etwas nicht mögt, lasst es weg oder gebt stattdessen Zutaten eurer Wahl hinzu. In einem kleinen Schraubglas begleitet euch das Superfood-Müsli auch ins Büro, wo ihr es jederzeit nach euren Vorstellungen zubereiten könnt – z. B. mit frischen Früchten und Pflanzenmilch.

# Superfood-Birchermüsli

## Zutaten für 2 Portionen

- 1 kleiner säuerlicher Apfel
- 100 g Superfood-Müsli (Rezept siehe S. 28)
- 3–4 EL Naturjoghurt oder Sojajoghurt
- etwas Süße nach Geschmack
- 1 Spritzer Zitronen- oder Limettensaft, frisch gepresst
- optional Früchte nach Wahl zum Garnieren

## Zubereitung

- Apfel waschen, halbieren, vom Kerngehäuse befreien und reiben. In einer Schüssel mit Müsli und Joghurt vermengen.

- Mit etwas Süße und Zitronen- oder Limettensaft abschmecken, anrichten und nach Belieben mit Früchten garnieren.

### SGF-Tipp

Das Müsli eignet sich gut zum Mitnehmen oder auch dazu, eine Portion für den nächsten Tag vorzubereiten. Im Kühlschrank aufbewahren und vor dem Verzehr nur noch einmal durchrühren und eventuell etwas Joghurt oder auch Pflanzenmilch dazugeben, damit es wieder etwas cremiger wird.

### SGF-Info

Auf einer seiner Bergwanderungen wurde der Schweizer Arzt Maximilian Oskar Bircher-Benner (1867–1939) von einer Sennerin mit einer seltsamen Rohkostspeise bewirtet, wie sie von Almhirten damals häufig verzehrt wurde. Diese bestand aus Haferflocken, geriebenen Äpfeln, Nüssen, gezuckerter Kondensmilch und/oder Sahne und etwas Zitronensaft. Dieses Rezept faszinierte Bircher-Benner nachhaltig und wurde so Grundlage seiner »Apfeldiätspeise« – auf Schweizerdeutsch »d'Spys« –, die ab 1902 den Patienten seines Sanatoriums im Rahmen der dort verabreichten Vollwertdiät als besonders bekömmliches und verdauungsförderndes Frühstück serviert wurde. Aus diesem Originalrezept haben sich bis heute zahlreiche Variationen entwickelt.

# »SuperFoodSchrot«
## Geröstetes und geschrotetes Müsli

## Zutaten für 40 Portionen à 40 g

- 800 g Dinkelflocken
- 120 g Buchweizen
- 100 g Walnüsse
- 60 g Kürbiskerne
- 60 g Sonnenblumenkerne

- 50 g Cashewkerne
- 30 g Kokosflocken
- 30 g Hanfsamen
- 50 g Chiasamen
- 100 g Gojibeeren

- 100 g getrocknete Cranberrys oder Sauerkirschen
- 70 g getrocknete Feigen
- 30 g Aroniabeeren

## Zubereitung

- Backofen auf 170 °C (Umluft 150 °C, Gas Stufe 2) vorheizen.

- Dinkelflocken, Buchweizen, Walnüsse, Kürbiskerne, Sonnenblumenkerne, Cashewkerne und Kokosflocken auf ein Backblech geben und 15 bis 20 Minuten im vorgeheizten Backofen rösten. Nach 10 Minuten umrühren und die restlichen Zutaten dazugeben. Aus dem Ofen nehmen, abkühlen lassen.

- In einen leistungsfähigen Standmixer geben und vermahlen. Anschließend in saubere, luftdicht verschließbare Gläser füllen.

- Das Müsli hält in luftdicht verschlossenen Gläsern einige Wochen und ist höchst abwechslungsreich zu verwenden.

## SGF-Varianten

Als Porridge Müsli in Pflanzenmilch, z. B. Dinkelmilch, einrühren und erhitzen, die Masse sollte nicht zu flüssig sein. Einige Minuten quellen lassen. 1 Apfel waschen, vom Kerngehäuse befreien, in kleine Stücke schneiden oder grob reiben und unterrühren. Anschließend mit Zimt verfeinern, anrichten und einige Nüsse darüberstreuen.

Als Müsli-Schoko-Pudding 50 Gramm Müsli mit 1 Esslöffel Kakaopulver und etwas Vanille mischen. In Pflanzenmilch einrühren und erhitzen, quellen lassen. Anrichten und nach Belieben mit Früchten garnieren.

Als Frühstücks-Smoothie oder schnelle, sättigende Zwischenmahlzeit 1 geschälte Banane mit 1½ Esslöffel Müsli und etwas Vanille im Standmixer mixen.

Als Variation für den Frühstücksjoghurt 1 Esslöffel Müsli in 200 Gramm Naturjoghurt oder Sojajoghurt rühren und Früchte nach Belieben zugeben. Bei Bedarf mit Ahornsirup süßen.

# Strawberry
## Breakfast-Smoothie

### Zutaten für 2 Portionen

- 150 g Erdbeeren
- ½ gefrorene Banane
- 2–3 Datteln ohne Stein
- 500 ml Pflanzendrink
- 4 EL Haferflocken
- 1 EL Mandelmus
- 1 EL rohe Kakaonibs
- 1 TL geschälte Hanfsamen

### Zubereitung

- Erdbeeren putzen, waschen und trockentupfen. Alle Zutaten in einen leistungsstarken Mixer geben und zu einem cremigen Smoothie pürieren.

### SGF-Tipp

Als Alternative auch unbedingt einmal mit Blaubeeren probieren – nicht nur wegen ihres besonders hohen Gehaltes an Anthocyanen! Wenn die Früchte keine Saison haben, kann auf Tiefkühlware zurückgegriffen werden. Aromatischer wird es allerdings mit frischen Beeren.

### SGF-Zutatencheck: Erdbeeren

Erdbeeren sind nicht nur lecker, sondern auch richtig gesund, ihr Vitamin-C-Gehalt liegt z.B. deutlich über dem von Zitronen oder Orangen. Zudem liefern Erdbeeren viel Folsäure, die wichtig in der Schwangerschaft ist, und zahlreiche Mineralstoffe wie z.B. Kalzium, Kalium, Eisen und Zink sowie wertvolle sekundäre Pflanzenstoffe und viele Ballaststoffe – und das alles bei gerade einmal 32 Kilokalorien pro 100 Gramm.

# Breakfast-Smoothie
## Banane-Cashew

### Zutaten für 2 Portionen

- 2 gefrorene Bananen
- 1 Handvoll Cashewkerne
- 2 EL Hanfsamen
- 2 EL Kürbiskerne
- 2 Eiweiß
- 3 TL Chiasamen
- 2 TL Reisprotein
- 1 TL gemahlener Zimt
- 1 Messerspitze Cayennepfeffer
- 400 ml Vanille-Sojadrink, z.B. von Provamel

### Zubereitung

- Alle Zutaten in einen Hochleistungsmixer geben und cremig pürieren. Kalt servieren.

### SGF-Zutatencheck: Kürbiskerne

Die kleinen grünen Kraftpakete enthalten ein breites Spektrum gesunder Inhaltsstoffe. So liefern sie etwa reichlich hochwertiges Protein, gesunde Fette – davon über 80 Prozent ungesättigte Fettsäuren –, Vitamin E und Beta-Karotin sowie Magnesium, Eisen, Zink und Selen, Karotinoide, Enzyme und knapp zehn Prozent Ballaststoffe. Darüber hinaus liefern Kürbiskerne gesundheitsfördernde Phytosterine – eine besondere Gruppe bio-aktiver Inhaltsstoffe, die u.a. bei Prostata- und Blasenbeschwerden positive Wirkungen entfalten können. Grüne Kürbiskerne sind etwas kleiner als herkömmliche und schmecken deutlich feiner.

Für Sportler interessant ist zudem, dass Kürbiskerne besonders viel L-Arginin enthalten – eine Aminosäure, die neben anderen Aufgaben die Durchblutung und Sauerstoffversorgung des Muskelgewebes verbessern kann. Eine Handvoll Kürbiskerne sind deshalb ein perfekter Sportsnack.

# ACAI-BOWL

## Zutaten für 2 Portionen

- 1 Banane
- 1 EL Hanfsamen
- 2–3 Streifen getrocknete Bananen (siehe Tipp)

- 1 gehäufter TL Acaipulver
- 100 ml Pflanzenmilch
- 1 Handvoll gefrorene Beeren
- 1 EL Kokosflocken

- 2 EL Chiasamen
- 2 EL Kakaonibs

## Zubereitung

- Banane schälen und grob zerkleinern. Mit den restlichen Zutaten – bis auf die Chiasamen und die Kakaonibs – in einen Mixer geben und kräftig pürieren.

- Zum Schluss die Chiasamen und die Kakaonibs auf langsamer Stufe unterrühren. Kalt servieren.

### SGF-Tipps

Bitte keine Bananenchips verwenden, sondern pure getrocknete Bananen. Diese gibt es beispielsweise von Keimling Naturkost zu kaufen. Alternativ einfach ½ Banane zusätzlich nehmen.

Optional etwas Superfood-Müsli (Rezept siehe Seite 28) zur Acai-Bowl hinzugeben.

### SGF-Info

Ursprünglich stammt die Acai-Bowl aus Brasilien und ist dort als müsliähnliches Frühstück sehr beliebt. Über Hawaii erreichte diese Kreation die USA und wurde dort – unterstützt durch eine Vorstellung von Oprah Winfrey – zum Trend. Für eine Acai-Bowl wird Acai, eine sehr gesunde Beere aus dem Amazonasgebiet, mit Bananen und/oder anderen Früchten sowie Granola-Müsli zu einem fruchtig-frischen Frühstück kombiniert. In unseren Breiten sind Acai-Bowls gerade im Sommer ein beliebter Superfood-Start in den Tag und bringen ein bisschen Copacabana auf unseren Tisch.

# RÜHREI MIT
## GEMÜSE UND SCHAFSKÄSE

### ZUTATEN FÜR 4 PORTIONEN

- 2 Tomaten
- 2 Frühlingszwiebeln
- 2 grüne Paprikaschoten
- etwas Schnittlauch

- Ghee oder Olivenöl
- 6–8 Eier
- etwas Mineralwasser
- Salz

- Pfeffer aus der Mühle
- 120 g Schafskäse

### ZUBEREITUNG

- Tomaten waschen, auf der dem Stielansatz gegenüberliegenden Seite über Kreuz einritzen, in eine Schüssel geben, mit kochendem Wasser überbrühen und häuten. Frühlingszwiebeln und Paprikaschoten waschen und putzen. Frühlingszwiebeln in Ringe, Paprikaschoten in Streifen schneiden. Gehäutete Tomaten würfeln. Schnittlauch waschen, trockenschwenken und in Röllchen schneiden, beiseitestellen.

- Ghee oder Olivenöl in eine Pfanne geben und heiß werden lassen. Frühlingszwiebeln und Paprikastreifen darin für einige Minuten unter gelegentlichem Rühren dünsten. Tomatenwürfel für 1 bis 2 Minuten dazugeben.

- Eier in einer Schüssel mit etwas Mineralwasser, Salz und Pfeffer aufschlagen und zu dem Gemüse geben. Die Masse stocken lassen, zwischendurch umrühren. Auf Teller verteilen und den Schafskäse über die Eier bröseln. Mit den Schnittlauchröllchen bestreuen.

### SGF-ZUTATENCHECK: EIER

Ernährungsphysiologisch betrachtet zählen Eier zu den besonders wertvollen Lebensmitteln (siehe SGF-Info Seite 38). Eier aus Freilandhaltung sind denen aus industrieller Massentierhaltung klar überlegen. Genügend Auslauf und eine artgerechte Fütterung sorgen für ein deutlich besseres Nährstoffprofil. Freilandeier haben einen bis zu dreimal höheren Gehalt an Omega-3-Fettsäuren, weitaus mehr Vitamine sowie etwas weniger Cholesterin und gesättigte Fette.

# EIERBROT MIT
# PAPRIKA-MAIS-GEMÜSE

## Zutaten für 4 Portionen

- 1 Glas Mais (240 g Abtropfgewicht)
- einige Stängel Petersilie
- 1 rote Zwiebel

- 1 Knoblauchzehe
- 2 rote Paprikaschoten
- 3 – 4 Eier
- Salz

- 4 Scheiben Vollkornbrot
- Olivenöl
- 1 Prise Paprikapulver

## Zubereitung

- Mais in ein Sieb geben und abtropfen lassen. Petersilie waschen und trockenschwenken. Die Blättchen von den Stängeln zupfen, beiseitestellen.

- Zwiebel und Knoblauch abziehen und zerkleinern. Paprikaschoten waschen und putzen, anschließend in kleine Stücke schneiden.

- Eier und Salz in einer Schüssel verquirlen, die Masse in einen tiefen Teller geben. Die Brotscheiben nacheinander in der Eimasse wenden. Die vollgesogenen Brote in eine heiße Pfanne mit Öl geben und gleichmäßig goldbraun braten, nach einigen Minuten mit einem Pfannenheber wenden.

- Währenddessen in einer weiteren Pfanne das Gemüse zubereiten. Hierfür Öl heiß werden lassen. Zwiebel glasig dünsten, Mais, Paprika und Knoblauch dazugeben und unter gelegentlichem Rühren weiter dünsten. Mit Salz und Paprikapulver würzen. Das Gemüse auf den Broten anrichten und mit der gezupften Petersilie garnieren.

### SGF-Info

Viel zu lange galten Eier aufgrund ihres Cholesteringehaltes als ungesund. Diese These ist mittlerweile wissenschaftlich widerlegt. Wir betrachten Eier vielmehr als eines der ältesten Superfoods überhaupt. 1 Ei liefert ca. 6 Gramm biologisch hochwertiges Eiweiß, alle essenziellen Fettsäuren, gesunde Omega-3-Fettsäuren und viele wichtige Vitamine wie z. B. A, E, Beta-Karotin, Cholin sowie – als eines der wenigen natürlichen Nahrungsmittel – auch Vitamin D. Wichtig: Wie bei Fleisch sollten auch Eier aus natürlicher und artgerechter Tierhaltung und Fütterung bevorzugt werden, da ihr Nährstoffgehalt oftmals um ein Vielfaches höher liegt.

# Mexikanische
# Bohnenpfanne

## Zutaten für 4 Portionen

- 125 g Pintobohnen
- 125 g Azukibohnen
- 1 Glas Mais (240 g Abtropfgewicht)
- 1 Zwiebel

- 1–2 Knoblauchzehen
- ½ Chilischote
- Olivenöl
- 1 Glas stückige Tomaten (340 g)
- Salz

- 2 grüne Paprikaschoten
- 1 TL scharfes Paprikapulver
- 1–2 EL Tomatenmark

## Zubereitung

- Getrocknete Bohnen nach Packungsanleitung in Wasser einweichen. Wer die Bohnen vorgekocht im Glas findet, kann diese verwenden. Die eingeweichten Bohnen nach Anleitung kochen und in ein Sieb abgießen. Mais ebenfalls in ein Sieb geben und abtropfen lassen.

- Zwiebel und Knoblauch abziehen. Zwiebel würfeln, Knoblauch zerkleinern. Chilischote waschen, längs halbieren, entkernen und fein schneiden.

- Etwas Öl in einer Pfanne erhitzen und die Zwiebeln darin glasig dünsten. Bohnen, Knoblauch und Chili dazugeben. Die stückigen Tomaten ebenfalls zum Gemüse geben, alles salzen und 20 Minuten bei schwacher bis mittlerer Hitze köcheln lassen. Bei Bedarf etwas Wasser zugeben.

- Währenddessen die Paprikaschoten waschen, putzen und in Streifen schneiden. Die Bohnen mit Paprikapulver würzen und für ein fruchtigeres Aroma Tomatenmark unterrühren. Die Paprikastreifen zugeben und nochmals 4 bis 6 Minuten garen. Der Mais wird zum Schluss untergerührt. In Schalen anrichten und nach Belieben mit rustikalem Brot servieren.

# BUCHWEIZENPFANNKUCHEN

## ZUTATEN FÜR 4 PORTIONEN

- 2 Eier; vegane Variante: 4 EL geschrotete Leinsamen, mit 6 EL Wasser vermischt
- 1 Prise Salz

- 300 ml Pflanzenmilch; für die vegane Variante evtl. 30–50 ml mehr
- ½ TL gemahlene Vanille

- 2 EL Vollrohrzucker
- 200 g Buchweizenmehl
- ½ TL Backpulver
- Kokosöl oder ein anderes Fett zum Ausbacken

## ZUBEREITUNG

- Eier trennen. Eiweiß mit dem Salz steif schlagen. Eigelb, Pflanzenmilch, Vanille und Zucker mit dem Handmixer aufschlagen. Für die vegane Variante Leinsamen mit Wasser sowie Pflanzenmilch, Vanille und Zucker verrühren.

- Mehl und Backpulver mischen und zu der aufgeschlagenen Masse geben. Sollte der Teig zu fest sein, noch etwas Pflanzenmilch zugeben, oder Buchweizenmehl, wenn er zu flüssig ist. Anschließend das aufgeschlagene Eiweiß unterheben.

- Kokosöl in einer Pfanne erwärmen und den Teig bei niedriger Hitze auf beiden Seiten goldbraun backen.

### SGF-ZUTATENCHECK: BUCHWEIZEN

Auch wenn sie ähnlich heißen – Buchweizen und Weizen sind grundverschieden. Der traditionell vor allem in Osteuropa beliebte Buchweizen gehört zur Familie der Knöterichgewächse und ist somit kein Getreide. Er ist glutenfrei – wichtig für Menschen mit Zöliakie oder Glutensensitivität. Buchweizen ist eine gute Quelle für leicht verdauliches, hochwertiges Eiweiß und liefert ein fast vollständiges Aminosäurenprofil. Weiterhin enthält Buchweizen komplexe Kohlenhydrate, viele Vitamine, Mineralstoffe und Spurenelemente sowie verdauungsfördernde Ballaststoffe und einige gesunde Flavonoide. Zudem wirkt Buchweizen schwach basisch und sollte schon allein deswegen regelmäßig verzehrt werden.

Buchweizen ist als Korn, Mehl oder in Form von Flocken erhältlich und in der Küche vielseitig einsetzbar. Buchweizenkörner passen in Salate und Suppen oder geröstet ins Müsli. Buchweizenmehl eignet sich für Backwaren aller Art, vor allem für Pfannkuchen oder die typischen Buchweizen-Blinis.

# TEFF-VOLLKORN-WAFFELN

## Zutaten FÜR 4 PORTIONEN

- 560 ml Mandelmilch
- 2 EL Zitronensaft, frisch gepresst
- 300 g Teff-Mehl

- 2½ TL Backpulver
- ¾ TL gemahlener Zimt
- 1½ EL Vollrohrzucker oder Kokosblütenzucker

- 1 Prise Salz
- 70 g Kokosöl
- ¼ TL gemahlene Vanille

## Zubereitung

- Waffeleisen vorheizen.

- Mandelmilch und Zitronensaft in einer Schüssel verrühren. In einer weiteren Schüssel Mehl, Backpulver, Zimt, Zucker und Salz mischen. Kokosöl erwärmen und zur Mandelmilch geben. Vanille unterrühren und die Flüssigkeit zu den trockenen Zutaten geben. Alles kräftig durchrühren.

- Das Waffeleisen portionsweise mit dem Teig befüllen und nacheinander die Waffeln ausbacken. Der Teig sollte nicht zu flüssig sein; in diesem Fall einfach etwas Mehl zugeben. Ist er zu fest, Mandelmilch zufügen.

### SGF-Tipp

Die Waffeln kann man nach dem Abkühlen problemlos einfrieren. Zum Verzehr etwas antauen lassen und zum Aufbacken in einen Toaster geben.

### SGF-Zutatencheck: Teff

Teff – auch Zwerghirse genannt – ist eine leicht nussig schmeckende, glutenfreie und basisch wirkende Getreideart. Hierzulande noch recht unbekannt, zählt Teff aufgrund seines Nährstoffreichtums etwa in Äthiopien seit mehr als 5000 Jahren zu den wichtigsten Grundnahrungsmitteln und wird dort u. a. zu Fladenbrot verarbeitet. Teff liefert sehr viele Mineralstoffe und Spurenelemente, dazu komplexe Kohlenhydrate und viele Ballaststoffe. Trotz des fehlenden Klebereiweißes besitzt Teff sehr gute Backeigenschaften. Teff-Körner sind vielseitig einsetzbar, z. B. für Suppen, Aufläufe, Salate oder Bratlinge. Teff-Mehl ist für Backwaren aller Art, besonders für Pfannkuchen oder Fladenbrot, bestens geeignet.

# Good Apple Crumble

## Zutaten für 4 Portionen

- 500 g säuerliche Äpfel (am besten Boskop)
- 3–4 EL Apfelmus (selbst gemacht oder fertiges Apfelmus ohne Zucker und Zusatzstoffe)

- 1 EL Vollrohrzucker oder Kokosblütenzucker (weniger bei weniger säuerlichen Äpfeln)
- 1 EL Zitronensaft, frisch gepresst
- 1 TL gemahlener Zimt

- 3 EL Walnüsse
- 2–3 EL Kokosöl
- 2 EL Ahornsirup
- 6 EL kernige Dinkelflocken
- 2 gehäufte EL Teff-Flocken
- 2 gehäufte EL Erdmandelmehl

## Zubereitung

- Backofen auf 180 °C (Umluft 160 °C, Gas Stufe 2–3) vorheizen.

- Äpfel waschen, trockenreiben und vierteln. Vom Kerngehäuse befreien und in Würfel schneiden. Mit Apfelmus, Vollrohrzucker oder Kokosblütenzucker, Zitronensaft und Zimt in eine Auflaufform geben und vermengen.

- Walnüsse grob zerkleinern. Kokosöl erwärmen, den Ahornsirup in das Kokosöl geben und verrühren. Walnüsse hinzufügen und unterrühren. Die Mischung in eine Schüssel geben und mit Dinkelflocken, Teff-Flocken sowie Erdmandelmehl vermengen. Auf den Äpfeln verteilen und den Good Apple Crumble 15 bis 20 Minuten im Ofen backen.

### SGF-Tipp

Der Good Apple Crumble eignet sich auch sehr gut als Dessert. Die angegebene Menge reicht dann für ca. 8 Portionen.

### SGF-Info: Apfel ist nicht gleich Apfel

Äpfel enthalten viele Vitamine, Mineralstoffe – vor allem viel Kalium, wichtig als »Gegenspieler« des durch die moderne Ernährungsweise in zu hohem Umfang zugeführten Natriums –, Spurenelemente und verdauungsfördernde Ballaststoffe wie z. B. Pektin. Grundsätzlich empfiehlt es sich, auf alte Apfelsorten zurückzugreifen, etwa auf Boskop, Gravensteiner und Goldparmäne. Diese sind oftmals auch für Allergiker besser geeinet.

# LUNCH

# MISOSUPPE MIT WAKAME

## Zutaten FÜR 4 PORTIONEN

- 2 EL getrocknete Wakame-Algen
- 1 Möhre
- 1 Packung Tofu Natur
- 2 Frühlingszwiebeln
- 1 l milde Gemüsebrühe
- 2 EL Misopaste, je nach Sorte auch mehr

## Zubereitung

- Wakame-Algen für 10 Minuten in Wasser einweichen. Anschließend in ein Sieb geben und abbrausen, bis das Wasser klar bleibt. Eventuell klein schneiden und beiseitestellen.

- Möhre waschen, putzen und in feine Streifen schneiden. Tofu in Würfel schneiden. Frühlingszwiebeln waschen, putzen und in feine Ringe schneiden.

- Gemüsebrühe aufkochen. Den Topf vom Herd nehmen und Möhre sowie Tofu in die Brühe geben. Um die Misopaste zu verarbeiten, etwas von der Gemüsebrühe abnehmen und in einer Tasse oder Schale mit der Misopaste verrühren. Misopaste, Frühlingszwiebeln und Wakame-Algen ebenfalls zur Brühe geben und die Suppe in Schalen servieren.

### SGF-Info

In Algen sind alle lebensnotwendigen Mineralstoffe, Spurenelemente und Vitamine in hoher Konzentration vorhanden. Sie enthalten sehr viel Jod und viel Folsäure. Sie stärken Bindegewebe, Haut, Haare, Nägel und auch die Immunabwehr.

### SGF-Tipp

Wer sich nicht mit den gesunden Wakame-Algen anfreunden kann, lässt diese einfach weg und nimmt stattdessen 1 Stange Porree oder Spitzkohl. Auch Pilze schmecken gut in der Suppe. Probiert selbst ein paar Varianten aus. Wichtig ist, dass ihr das Gemüse nicht zu weich kocht.

# SuperGreen-Soup

## Zutaten für 4–6 Portionen

- 100 g Quinoa
- 250 g Spinat oder Babyspinat
- 4–5 Stangen Sellerie
- 1 Knoblauchzehe
- Öl
- 1,2 l Gemüsebrühe
- 3–4 EL Limettensaft, frisch gepresst

## Zubereitung

- Quinoa nach Anleitung zubereiten, in ein Sieb abgießen und beiseitestellen. Spinat waschen und trockenschleudern. Bei dickblättrigem Spinat ist es notwendig, die Stiele zu entfernen und den Spinat grob vorzuschneiden. Sellerie waschen, putzen und in Streifen schneiden. Knoblauch abziehen und fein hacken.

- Öl in einem Topf erhitzen, Sellerie darin 5 bis 6 Minuten bei geringer bis mittlerer Hitze dünsten, Knoblauch hinzufügen und alles für weitere 1 bis 2 Minuten dünsten. Mit Gemüsebrühe auffüllen, einmal aufkochen lassen und den Herd ausschalten. Spinat und Quinoa zur Suppe geben und warten, bis der Spinat zusammenfällt. Feste Spinatblätter benötigen etwas länger, bis sie zusammenfallen, als dies beim Babyspinat der Fall ist.

- Die Suppe mit dem Stabmixer pürieren. Noch sämiger wird sie, wenn sie im Hochleistungsmixer püriert wird. Vor dem Servieren den Limettensaft zugeben.

# Matcha-Croûtons

## Zutaten

- altbackenes Vollkornbrot in gewünschter Menge
- Salz
- 1–2 EL Öl
- etwas Matcha-Pulver

## Zubereitung

- Brot in Würfel schneiden und in einer heißen Pfanne zunächst ohne Öl bei mittlerer Hitze rösten. Wenn die Brotwürfel etwas Farbe angenommen haben, Salz und ein wenig Öl zugeben. Herd ausschalten und die Brotwürfel noch etwas in der heißen Pfanne kross werden lassen. Mit Matcha-Pulver bestäuben und durchrühren.

## SGF-Tipps

Die Croûtons eignen sich als besonderes Topping für einen Salat oder für eine Suppe. In einem Schraubglas an einem kühlen Ort aufbewahrt sind sie einige Tage haltbar.

Die Croûtons sind ein tolles Beispiel für eine effektive Resteverwertung. Für sie ist gerade das Brot am besten geeignet, das wir sonst nicht mehr unbedingt essen würden. Und frisch und warm aus der Pfanne schmecken sie unfassbar lecker!

# GEFÜLLTE AVOCADOS
# MIT TOMATENSALAT

## ZUTATEN FÜR 4 PORTIONEN

**Für die gefüllten Avocados**
- 2 Avocados
- etwas Zitronensaft, frisch gepresst
- 4 Eier
- Salz
- Pfeffer aus der Mühle

**Für den Tomatensalat**
- 600 g Tomaten
- 1 rote Zwiebel
- 2 EL Olivenöl
- 2 EL Weißweinessig
- 1 EL Reissirup
- Salz

- Pfeffer aus der Mühle
- etwas frischer Koriander
- 1 Becher körniger Frischkäse (200 g)

## ZUBEREITUNG

- Für die gefüllten Avocados Backofen auf 190 °C (Umluft 170 °C, Gas Stufe 3) vorheizen.

- Avocados halbieren. Den Kern entfernen und das Fruchtfleisch mit Zitronensaft beträufeln. Die Eier einzeln in eine Tasse aufschlagen und anschließend in die Avocadohälften geben. Sollte die Aushöhlung nicht genügend Platz für das Ei bieten, kann man vor dem Beträufeln mit Zitronensaft etwas Fruchtfleisch auskratzen.

- Die Avocadohälften in eine Auflaufform setzen, 15 bis 20 Minuten im vorgeheizten Ofen garen und anschließend salzen und pfeffern.

- Für den Tomatensalat Tomaten waschen, vom Stielansatz befreien und klein schneiden. Zwiebel abziehen und fein würfeln. Olivenöl, Weißweinessig, Reissirup, Salz und Pfeffer zu einem Dressing verrühren und mit den Tomaten sowie den Zwiebelwürfeln vermischen. Koriander waschen und trockenschwenken. Die Blätter abzupfen.

- Salat auf Tellern anrichten, einige Kleckse Frischkäse darübergeben, mit Koriander bestreuen und zu den gefüllten Avocados servieren.

### SGF-TIPP

Ein leichtes und schnelles Gericht, das durch die Kombination mit Ei und körnigem Frischkäse auch richtig satt macht. Das Ganze bleibt vegan, indem man auf das Ei und den Käse verzichtet. Die Avocado kann dann geschnitten und direkt zum Salat gegeben werden; gegebenenfalls noch einige Spritzer Zitronensaft zugeben, damit die Avocado sich nicht so schnell braun färbt. Für eine bessere Eiweißversorgung kann zusätzlich noch 1 Esslöffel geschälte Hanfsamen über jede Portion gestreut werden.

# TABOULEH

## ZUTATEN FÜR 4 PORTIONEN

- 40 ml Zitronensaft, frisch gepresst
- ½ TL Salz
- 1 kleine Zwiebel
- 30 ml Hanföl oder Olivenöl

- 30 ml Olivenöl
- 1 – 2 TL Gemüsebrühe
- 100 g weißer Quinoa
- 1 Salatgurke
- 2 Möhren

- 3 Tomaten
- 2 Bund glatte Petersilie
- 5 EL geschälte Hanfsamen

## ZUBEREITUNG

- Zitronensaft und Salz in eine Schüssel geben. Zwiebel abziehen, in sehr feine Würfel schneiden und zum Zitronensaft geben. Etwa 20 Minuten ziehen lassen. Hanföl, Olivenöl und Gemüsebrühe hinzufügen und alles kräftig zu einem Dressing verrühren oder in einem Schraubglas mit Deckel durchschütteln.

- Quinoa in einer Schüssel waschen und in ein engmaschiges Sieb abgießen. Vorgang wiederholen, bis das Wasser klar bleibt. Anschließend nach Anleitung kochen und darauf achten, dass die Körner noch Biss haben. Wiederum in ein engmaschiges Sieb abgießen.

- Gurke waschen und längs vierteln. Die Kerne entfernen und das Fruchtfleisch in kleine Würfel schneiden. Möhren waschen, putzen und ebenfalls in feine Würfel schneiden. Hierfür am besten die Möhren der Länge nach mit einem scharfen Messer in mehrere dünne Scheiben schneiden. Anschließend der Länge nach in Streifen schneiden und diese dann weiter zu Würfeln verarbeiten. Tomaten waschen, vom Stielansatz befreien und fein würfeln. Petersilie waschen und trockenschwenken. Die Blätter abzupfen und fein hacken. 2 Esslöffel Petersilienblättchen zum Garnieren aufbewahren.

- Alle Zutaten für das Tabouleh in eine Schüssel geben und mit dem Dressing vermengen. Auf Tellern anrichten und mit der restlichen Petersilie sowie den Hanfsamen bestreut servieren.

### SGF-TIPPS

Ideal zum Mitnehmen und im Kühlschrank problemlos für einige Tage haltbar. Durch die Kombination der beiden vollwertigen Proteinquellen (Quinoa und Hanfsamen) liefert das Gericht viel hochwertiges Eiweiß und alle essenziellen Aminosäuren – für Vegetarier und Veganer ein vollwertiges Powergericht, für »Normalesser« eine tolle und sehr eiweißreiche Beilage. Das Steak kann so eine ganze Nummer kleiner ausfallen!

WICHTIG: Schwangere sollten auf den Genuss von übermäßig viel frischer Petersilie verzichten. Das enthaltene ätherische Öl Apiol reizt die Gebärmutter, kann Wehen fördern oder im Extremfall zu Fehlgeburten führen. Ebenso sollten Menschen mit Nierenleiden aufgrund des hohen Kaliumgehaltes vorsichtig sein.

# AVOCADO-EIER-SALAT
## MIT HANFSAMEN

### Zutaten für 2 Portionen

- 3 Eier
- ¼ kleine Zwiebel
- 1 EL Limettensaft, frisch gepresst

- Salz
- 1–2 EL scharfer Senf
- 1 Avocado
- 2 EL geschälte Hanfsamen

- Pfeffer aus der Mühle
- 1 Handvoll gehackte Koriander- oder Petersilienblättchen

### Zubereitung

- Eier hart kochen. Inzwischen die Zwiebel abziehen und in sehr feine Würfel schneiden. Mit Limettensaft, etwas Salz und Senf in eine Schüssel geben und vermischen. Avocado halbieren, entkernen und mit einem Löffel das Fruchtfleisch herausschaben. Mit einer Gabel zerdrücken, mit den Hanfsamen zur Mischung in der Schüssel geben und alles noch einmal gut vermengen.

- Abgekühlte Eier pellen, mit dem Messer zerkleinern und unter die Avocadomasse rühren. Mit Pfeffer würzen. Koriander oder Petersilie ebenfalls unterrühren und servieren.

### SGF-Tipp

Eiersalat ohne Mayonnaise? Gesund und mit Superfoods? Geht nicht? Geht doch! Unsere etwas andere Interpretation eines Klassikers lässt sich gut mitnehmen und schmeckt solo ebenso gut wie auf Brot. Mit Brot ergeben sich etwa 4 bis 6 Portionen.

# Super Sommerrollen
## mit Dip

### Zutaten für 12 Rollen

**Für die Sommerrollen**
- 50 g Glasnudeln
- 1 Handvoll Kräuter, z. B. Koriander und Thaibasilikum
- 12 hellgrüne Blätter Wirsingkohl
- 1 Handvoll Sprossen
- knapp ¼ Kopf Rotkohl
- 4 mittelgroße braune Champignons
- 180 g Geflügelfleisch oder 180 g Tofu

- Sesamöl
- Salz
- etwas Sojasauce und Reissirup für die Tofuvariante
- 12 Blätter Reispapier (Ø 22 cm)

**Für den Sojadip**
- 1 EL Sesamsamen
- 1 kleine Knoblauchzehe
- 10 EL Sojasauce
- 2 EL Ahornsirup

- 4 EL Zitronensaft, frisch gepresst
- etwas Wasabipaste

**Für die Chilisauce**
- 2–3 EL Chilipaste
- 1–2 TL Manukahonig oder ein anderer Honig bzw. Reissirup für die vegane Variante

### Zubereitung

- Für die Sommerrollen Glasnudeln nach Packungsanleitung zubereiten. Kräuter waschen und trockenschwenken. Die Blätter abzupfen. Wirsing waschen und trockentupfen. Sprossen waschen und ebenfalls trockentupfen oder trockenschleudern. Rotkohl waschen, putzen und mit einem scharfen Messer in sehr feine Streifen schneiden oder mit dem Küchenhobel zerkleinern.

- Champignons mit einer Gemüsebürste oder Küchenpapier säubern und in feine Streifen schneiden. Geflügelfleisch waschen, trockentupfen und in schmale Streifen schneiden. Etwas Sesamöl in einer Pfanne erhitzen und das Fleisch darin 4 bis 5 Minuten anbraten. Die Pilze dazugeben und kurz mitbraten. Salzen. Für die Tofuvariante diesen klein schneiden und kross braten. Mit etwas Sojasauce und Reissirup würzen.

- Für den Sojadip Sesamsamen in einer heißen Pfanne rösten und etwas abkühlen lassen. Knoblauch abziehen und fein hacken. Mit Sesam und den restlichen Zutaten verrühren. Für die Chilisauce ebenfalls alle Zutaten verrühren und gegebenenfalls mit etwas Wasser verdünnen.

- Die Reispapierblätter einzeln in eine Schüssel mit warmem Wasser geben und anschließend auf ein Geschirrtuch legen. Mit je 1 Blatt Wirsingkohl belegen und hierauf anteilig alle anderen Zutaten geben. Anschließend alles sorgfältig zusammenrollen und eventuell mit Spießen fixieren. Die Dips dazu servieren.

# BRATQUINOA

## Zutaten für 4 Portionen

- 200 g Quinoa
- 3 EL Cashewkerne
- 1 kleine Aubergine
- 1 Paprikaschote

- 4–5 braune Champignons
- 2 Frühlingszwiebeln
- Sesamöl
- Salz

- 4–5 EL Sojasauce
- 4 Eier; für eine vegane Variante die Eier einfach weglassen

## Zubereitung

- Quinoa nach Packungsanleitung bissfest kochen und in ein Sieb abgießen. Cashewkerne grob zerkleinern und in einer heißen Pfanne ohne Öl rösten, bis sie etwas Farbe bekommen. Aubergine und Paprikaschote waschen, putzen und in Würfel schneiden. Champignons mit einem Küchentuch säubern, dann klein schneiden. Frühlingszwiebeln waschen, putzen und in Ringe schneiden.

- Etwas Sesamöl in einer Pfanne erhitzen und die Aubergine einige Minuten darin braten; eventuell nochmals Öl zugeben. Paprika und Champignons hinzufügen, salzen und weiter braten. Frühlingszwiebeln und Quinoa nach wenigen Minuten zugeben, mit Sojasauce abschmecken.

- Die Eier in einem Schälchen mit etwas Salz aufschlagen, über das Gericht geben und weiter garen, bis die Eier gestockt sind. Zwischendurch umrühren.

- Auf Tellern anrichten und mit den Cashewkernen sowie nach Belieben mit frischen Kräutern bestreut servieren.

### SGF-Tipp

Ein schnelles, leckeres und – durch Quinoa und Cashewkerne – ausgesprochen eiweißreiches Bratgericht mit viel frischem Gemüse. Garantiert besser als der obligatorische Bratreis vom China-Döner-Mann.

# DINKEL-VOLLKORNNUDELN
# MIT TOMATENSAUCE

## Zutaten für 4 Portionen

- 600 g Tomaten
- 2 Knoblauchzehen
- 2 Schalotten
- 4 EL Olivenöl

- 1 TL Rohrohrzucker
- 1 – 2 EL Tomatenmark
- Salz
- Pfeffer aus der Mühle

- 500 g Dinkel-Vollkornnudeln
- 1 – 2 Handvoll Basilikumblätter

## Zubereitung

- Tomaten waschen, auf der dem Stielansatz gegenüberliegenden Seite über Kreuz einritzen, in eine Schüssel geben, mit kochendem Wasser überbrühen und häuten. Anschließend würfeln und in ein feines Sieb geben, damit das Wasser ablaufen kann. Die Tomatenwürfel eventuell noch vorsichtig ausdrücken. Knoblauch und Schalotten abziehen und in feine Würfel schneiden.

- Öl in einer Pfanne heiß werden lassen, Knoblauch und Schalotten zugeben und mit dem Rohrohrzucker glasieren. Tomatenmark und die abgetropften Tomatenwürfel hinzufügen und bei mäßiger Hitze etwa 15 Minuten einkochen lassen. Mit Salz und Pfeffer würzen.

- Vollkornnudeln nach Packungsanleitung in reichlich Salzwasser al dente kochen, aber erst wenn die Sauce köchelt – die Nudeln sollten nie auf die Sauce warten müssen.

- Basilikum waschen, trockenschwenken, in Streifen schneiden und unter die fertige Sauce mischen. Nudeln abgießen und ebenfalls mit der Sauce vermengen. Auf Tellern verteilen und nach Belieben noch mit einigen Basilikumblättchen garniert servieren.

## SGF-Infos

Das in den Tomaten enthaltene Lycopin zählt zu den Karotinoiden und damit zur Gruppe der sekundären Pflanzenstoffe. Lycopin ist für die rote Färbung der Tomate verantwortlich und ein Radikalfänger. Je reifer die Frucht, desto höher der Lycopingehalt. Durch Verarbeitungsvorgänge wie Erhitzen wird der Stoff noch besser verfügbar. Auch in Tomatenmark ist er hoch dosiert enthalten. Studien zeigen Zusammenhänge zwischen dem Verzehr lycopinhaltiger Lebensmittel und einem reduzierten Risiko, an Herz-Kreislauf-Erkrankungen, Krebs oder Diabetes mellitus zu erkranken. Vollkornprodukte enthalten im Vergleich zu ihren ausgesiebten blassen Verwandten mehr pflanzliche Bestandteile aus dem Korn und damit auch mehr Nähr- und Ballaststoffe. Sie sättigen länger, wirken Herz- und Gefäßerkrankungen entgegen und senken das Diabetesrisiko. Die in Basilikum vorkommenden ätherischen Öle unterstützen den Verdauungstrakt. Die enthaltenen Enzyme wirken antibakteriell und entzündungshemmend.

I AM SORRY
FOR WHAT
I SAID WHEN
I WAS
HUNGRY!

SUPER
GOOD
FOOD

# RUSTIKALE
# SAUERKRAUTPFANNE

## Zutaten FÜR 4 – 6 Portionen

- 125 g Zartdinkel, z. B. von Davert
- 90 g Räuchertofu
- 1 große Zwiebel

- Olivenöl
- 1 TL Kala Namak (siehe Tipp)
- 500 g Sauerkraut
- 200 g Spitzkohl

## Zubereitung

- Zartdinkel nach Packungsanleitung kochen. Räuchertofu in feine Würfel schneiden, in eine heiße Pfanne geben und 2 bis 3 Minuten ohne Zugabe von Öl bei mittlerer Hitze rösten.

- Zwiebel abziehen und in Würfel schneiden. Öl und Zwiebel in die heiße Pfanne zum Tofu geben und mit Kala Namak würzen. Die Zwiebel glasig dünsten. Zwischendurch den Dinkel in ein Sieb abgießen.

- Dinkel und Sauerkraut zu Tofu und Zwiebel in die Pfanne geben und 5 bis 10 Minuten bei geringer Hitze köcheln lassen. Bei Bedarf ein wenig Wasser zugeben. Die äußeren Blätter des Spitzkohls entfernen und den Kohl von der Spitze aus in feine Streifen schneiden. Unter das fertige Gericht mengen und anrichten.

### SGF-Tipp

Kala Namak ist ein Schwarzsalz mit schwefeliger Note, erhältlich im Bio-Laden; sofern nicht zur Hand, könnt ihr auch gut Meersalz oder Steinsalz verwenden.

# DINNER

# WAKAME-SALAT

## Zutaten für 4 Portionen

- 25 g getrocknete Wakame-Algen
- 100 g Glasnudeln
- Salz
- 3 EL Sesamsamen

- 1 kleine Knoblauchzehe
- 5 EL Reisessig
- 5 EL Sesamöl
- 3 EL Limettensaft, frisch gepresst

- 1½ EL Rohrohrzucker
- 1–2 TL Sambal Oelek
- 2 EL frische Korianderblättchen

## Zubereitung

- Wakame-Algen für 10 Minuten in Wasser einweichen. Sie vergrößern ihr Gewicht um das 10-Fache. Anschließend in ein Sieb abgießen und gut spülen, bis das Wasser klar wird. Danach die Algen für 3 bis 4 Minuten in Wasser kochen. Wiederum in ein Sieb abgießen und kalt abbrausen. Anschließend ausdrücken und in kleinere Stücke schneiden, sofern nötig.

- Glasnudeln in kochendes Salzwasser geben und für 3 bis 5 Minuten garen. In ein Sieb abgießen, mit kaltem Wasser abschrecken und abtropfen lassen. Sesamsamen in einer heißen Pfanne rösten und auskühlen lassen.

- Für das Dressing Knoblauch abziehen, zerdrücken und mit Reisessig, Sesamöl, Limettensaft, Rohrohrzucker, Sambal Oelek und etwas Salz mischen. Die Glasnudeln mit einem

Messer etwas kürzen und mit den Wakame-Algen sowie den gerösteten Sesamsamen zum Dressing geben. Gründlich vermengen und 1 bis 2 Stunden im Kühlschrank durchziehen lassen.

- Salat auf Schälchen verteilen. Koriander klein hacken und vor dem Servieren über den Salat streuen.

### SGF-Info

Wakame-Algen sind ballaststoffreich und enthalten viel Jod.

# Eiweiß-Minestrone

## Zutaten für 4–6 Portionen

- 80 g Quinoa
- 1 rote Zwiebel
- 1–2 Knoblauchzehen
- 2 Möhren
- 1 Zucchini
- 1 Stange Sellerie

- 2 Tomaten
- 1 Glas Kichererbsen (240 g Abtropfgewicht)
- 125 g Babyspinat
- 1 Zweig Rosmarin
- Olivenöl

- 1 Lorbeerblatt
- 2 EL Tomatenmark
- 1 l Gemüsebrühe
- Salz
- 1 EL Thymianblättchen

## Zubereitung

- Quinoa nach Packungsanleitung zubereiten – dabei nicht zu weich werden lassen – und abgießen. Zwiebel und Knoblauch abziehen und hacken. Gemüse waschen und putzen. Möhren und Zucchini in Würfel schneiden, Sellerie in dünne Scheiben schneiden. Tomaten auf der dem Stielansatz gegenüberliegenden Seite über Kreuz einritzen, in eine Schüssel geben, mit kochendem Wasser überbrühen und häuten. Halbieren, vom Stielansatz befreien und klein schneiden. Kichererbsen in ein Sieb geben und abtropfen lassen. Spinat trockenschleudern. Rosmarin waschen und trockenschwenken.

- Olivenöl in einem Topf erhitzen und Zwiebel, Möhren sowie Sellerie darin anschwitzen. Rosmarin, Lorbeerblatt und Knoblauch zugeben und ebenfalls mit anschwitzen. Tomatenmark und Tomaten hinzufügen. Mit Gemüsebrühe ablöschen und aufkochen lassen. Zucchini dazugeben und für 5 Minuten bei mäßiger Hitze garen. Salzen. Kurz vor dem Servieren Thymian, Spinat, Kichererbsen und Quinoa in die Suppe geben und alles noch einmal heiß werden lassen.

### SGF-Info

Dieses Gericht ist generell kalorienarm und durch viel frisches Gemüse vitamin- und mineralstoffreich. Durch die Kombination mit Kichererbsen und Quinoa ist die Suppe auch reich an hochwertigem Eiweiß – eine richtig gute und ausgewogene Mahlzeit. Ideal auch zum Mitnehmen!

### SGF-Tipp

Der Markt für »Meal Prep-Tools« boomt. Eine immer größere Auswahl an stylishen und praktischen Behältern erleichtert die Essensvorbereitung ungemein. Isolierte Thermobehälter wie z. B. von der Firma Kivanta ermöglichen es sogar, am Arbeitsplatz warme Suppen zu genießen – ganz ohne Mikrowelle.

# BASISCHE
# STECKRÜBENSUPPE

## Zutaten FÜR 4–6 PORTIONEN

- 1 Zwiebel
- 2 festkochende Kartoffeln
- 2 mehligkochende Kartoffeln
- 2 Möhren

- 1/8 Knolle Sellerie
- ½ Steckrübe
- 2 Tomaten
- Olivenöl

- ca. 1 l Gemüsebrühe
- Salz

## Zubereitung

- Zwiebel abziehen und klein schneiden. Restliches Gemüse waschen und putzen. Kartoffeln, Möhren, Sellerie, Steckrübe und Tomaten in Würfel schneiden.

- Öl in einem Topf erhitzen und das Gemüse für einige Minuten darin anschwitzen. Mit Gemüsebrühe auffüllen, bis alles knapp bedeckt ist. Die Suppe 25 bis 30 Minuten bei mäßiger Hitze köcheln lassen. Nach und nach mit dem Rest der Gemüsebrühe auffüllen. Mit Salz abschmecken und servieren.

### SGF-Infos

Die Tomaten geben der Suppe eine schöne Farbe und einen wunderbaren Geschmack. Durch die mehligkochenden Kartoffeln wird sie etwas sämiger.

Die Steckrübensuppe ist aufgrund ihrer Zutaten basisch und somit eine echte Wohltat für den Körper. Eine möglichst basenreiche Kost gleicht den Säure-Basen-Haushalt aus und wirkt einer Übersäuerung entgegen – und damit auch übersäuerungsbedingten Krankheiten wie Gicht, Arthrose, Osteoporose und rheumatischen Erkrankungen. Als säurebildend gelten vor allem tierische Produkte. Eine ausgewogene Ernährung mit viel frischem Gemüse und Salaten und möglichst wenig tierischen Produkten hat daher positive Effekte auf unsere Gesundheit. Im Übrigen: Saure Früchte wie z. B. Zitronen wirken nicht etwa säurebildend, sondern ebenfalls basisch.

# QUINOA-LINSEN-
## SALAT

## ZUTATEN FÜR 4–6 PORTIONEN

### Für den Salat
- 200 g braune Linsen
- 200 g bunter Quinoa
- 2 Paprikaschoten
- 1 großer Apfel
- 1 Bund glatte Petersilie oder Koriander
- 5 EL getrocknete Tomaten

- 3 – 4 EL geschälte Hanfsamen für das Topping

### Für das Dressing
- 1 TL Kreuzkümmelsamen
- ½ TL Koriandersamen
- 3 – 4 EL Limettensaft, frisch gepresst

- 3 – 4 EL Aceto balsamico bianco
- 3 – 4 EL Olivenöl
- 1 TL Currypulver
- ¾ TL Salz
- ½ TL Cayennepfeffer
- 3 – 4 EL Agavensirup
- Pfeffer aus der Mühle

## ZUBEREITUNG

- Für den Salat Linsen und Quinoa nach Packungsanleitung garen. Dabei darauf achten, dass die Quinoakörner nicht zu weich werden.

- Paprika, Apfel und Petersilie oder Koriander waschen. Paprika putzen, Apfel vom Kerngehäuse befreien und beides in kleine Stücke schneiden. Petersilie oder Koriander trockenschwenken. Blätter abzupfen und fein hacken. Getrocknete Tomaten fein schneiden.

- Linsen und Quinoa in ein Sieb abgießen und auskühlen lassen. Anschließend mit den vorbereiteten Zutaten in einer Schüssel vermengen.

- Für das Dressing Kreuzkümmel und Koriander mörsern. Mit den restlichen Dressingzutaten in ein Schraubglas geben, das Glas verschließen und das Dressing gut durchschütteln. Unter den Salat mischen. Salat etwas durchziehen lassen, auf Tellern anrichten und mit den Hanfsamen garniert servieren.

### SGF-INFOS

Linsen liefern, neben viel Protein – je nach Sorte bis zu 30 Prozent –, vor allem komplexe Kohlenhydrate und Ballaststoffe. Sie sorgen so für ein lang anhaltendes Sättigungsgefühl und lassen den Blutzuckerspiegel nur langsam ansteigen. Zudem enthalten sie viel Zink, das u. a. für einen funktionierenden Energiestoffwechsel und ein intaktes Immunsystem wichtig ist. Quinoa enthält alle essenziellen Aminosäuren und gilt daher als eine der besten pflanzlichen Proteinquellen überhaupt. Weiterhin liefert Quinoa sehr viele Mineralstoffe – u. a. Magnesium, Phosphor, Kalium und Zink – sowie ebenfalls komplexe Kohlenhydrate und ist außerdem eine gute Quelle für sekundäre Pflanzenstoffe. Als sogenanntes Pseudogetreide ist Quinoa glutenfrei und so gerade für Sportler eine ideale Beilage.

# Vollkornfladen
# mit Falafel

## Zutaten für 4 Portionen

**Für die Falafel**
- 400 g getrocknete Kichererbsen
- 1 Zwiebel
- 2 Knoblauchzehen
- ½ Bund Koriander
- 2 – 3 EL Zitronensaft, frisch gepresst
- 2 EL Sesamsamen
- ½ TL gemahlener Kreuzkümmel
- ½ TL gemahlener Koriander
- ½ TL Currypulver
- 1 TL edelsüßes Paprikapulver
- 1 TL Salz
- 1 – 2 EL Mehl
- 1 TL Backpulver
- 70 g Bulgur
- Öl zum Braten

**Für die Vollkornfladen**
- 160 g Dinkel-Vollkornmehl
- 1 TL Backpulver
- ½ – ¾ TL Salz
- Öl zum Ausbacken

## Zubereitung

- Für die Falafel Kichererbsen über Nacht einweichen. Am nächsten Tag in ein Sieb abgießen. Zwiebel und Knoblauch abziehen und grob zerkleinern. Koriander waschen und trockenschwenken. Die Blätter abzupfen und grob hacken. Mit Kichererbsen, Zwiebel und Knoblauch in einen Fleischwolf geben und zweimal durch die feine Scheibe drehen. Mit Zitronensaft, Sesam und Gewürzen vermengen. Mehl und Backpulver mischen und mit dem Bulgur ebenfalls in die Masse einarbeiten. 20 Minuten ruhen lassen. Mit angefeuchteten Händen Bällchen formen. Öl in einer Pfanne erhitzen und die Falafel darin braten.

- Für die Vollkornfladen Mehl, Backpulver und Salz in eine Schüssel geben. 120 Milliliter Wasser dazugeben und alles mit der Hand vermengen. Der Teig sollte nicht an den Händen kleben und formbar sein. Ist er zu fest, noch etwas Wasser zugeben, ist er zu weich und feucht, etwas Mehl zugeben. 30 Minuten ruhen lassen. Teig zu einer Rolle formen und diese in 4 gleiche Stücke schneiden. Auf einer bemehlten Arbeitsfläche dünn und gleichmäßig ausrollen. Eine Pfanne dünn mit Öl einpinseln und die Fladen nacheinander in jeweils ca. 4 Minuten ausbacken, zwischendurch wenden. Ob eine Seite gut ist, erkennt man daran, dass der Fladen Luftblasen wirft und sich etwas vom Boden abhebt. Die fertig gebackenen Fladen in ein Geschirrtuch einschlagen, so trocknen sie nicht aus. Vollkornfladen und Falafel nach Belieben mit einem Joghurtdip (siehe Tipp) servieren.

### SGF-Tipp

Dazu passt ein Joghurtdip: Joghurt mit Gurkenraspeln und gehackter Petersilie vermengen und mit Kreuzkümmel, Fenchel, Zitronensaft, Salz und Chilipulver würzen.

# BLUMENKOHLRISOTTO
# MIT ZITRONENHÜHNCHEN

## Zutaten FÜR 4 PORTIONEN

**Für den Risotto**
- 100 g Vollkornreis
- 1 mittelgroßer Blumenkohl (ca. 900 g)
- 1 Zwiebel
- Öl
- 150 ml trockener Weißwein
- 350 ml milde Gemüsebrühe
- Salz
- Muskatnuss, frisch gerieben

- Pfeffer aus der Mühle
- etwas Zitronensaft, frisch gepresst
- 1–2 TL Thymianblättchen

**Für das Zitronenhühnchen**
- 1 Zwiebel
- abgeriebene Schale von 1 Bio-Zitrone
- Saft von ½ Zitrone

- Salz
- 1–2 TL Honig oder Reissirup für die vegane Variante
- 2–3 EL Olivenöl
- 400 g Geflügelbrust oder 400 g »Wie Hühnchen« von Wiefleisch oder eine andere vegane Alternative
- Olivenöl zum Braten

## Zubereitung

- Für den Risotto Vollkornreis nach Packungsanleitung zubereiten, jedoch nur bissfest garen. In ein Sieb abgießen.

- Für das Zitronenhühnchen Zwiebel abziehen und in Würfel schneiden. Mit Zitronenschale, Zitronensaft, Salz, Honig oder Reissirup und Olivenöl zu einer Marinade verrühren. Geflügelfleisch waschen, trockentupfen und in Streifen schneiden. Fleisch bzw. »Wie Hühnchen« mit der Marinade vermengen.

- Blumenkohl waschen, putzen und in Röschen teilen. Mit einem Messer in kichererbsengroße Stücke schneiden. Zwiebel abziehen und würfeln. Etwas Öl in einem Topf erhitzen und Zwiebel darin glasig dünsten. Den Reis dazugeben, mit Weißwein ablöschen. Mit Gemüsebrühe

auffüllen, sodass der Reis knapp bedeckt ist; 5 bis 10 Minuten köcheln lassen, dabei immer wieder umrühren. Blumenkohl unterrühren. Weiter bei mäßiger Hitze köcheln lassen; wenn die Flüssigkeit eingekocht ist, erneut mit Brühe auffüllen. So lange kochen lassen, bis der Blumenkohl weich ist. Dies dauert 10 bis 15 Minuten.

- In der Zwischenzeit etwas Olivenöl in einem Topf erhitzen und das Fleisch bzw. die vegane Alternative darin braten.

- Den Risotto mit Salz abschmecken und mit Muskat, Pfeffer sowie Zitronensaft würzen. Thymian unterrühren. Risotto und Geflügel oder vegane Alternative auf einem Teller anrichten und servieren.

# OFENGEMÜSE
# MIT AUBERGINENCREME

## ZUTATEN FÜR 4 PORTIONEN

### Für die Auberginencreme
- 3 Auberginen (ca. 800 g)
- 1 Knoblauchzehe
- 1 – 2 Bund glatte Petersilie
- 1 TL gemahlener Kreuzkümmel
- etwas Cayennepfeffer
- Salz
- 2 EL Öl
- 1 Schuss Zitronensaft

- 2 – 3 EL Joghurt

### Für das Ofengemüse
- 1 – 2 EL Aroniabeeren
- 1 Zwiebel
- ½ kleiner Kopf Blumenkohl
- ¾ kleiner Hokkaidokürbis
- 1 – 2 Zucchini
- ½ Paprikaschote

- 1 mittelgroße Süßkartoffel
- 1 – 2 feste Birnen
- 1 TL scharfes Currypulver
- 1 TL Anissamen
- 1 – 2 TL Salz
- 4 – 5 EL Olivenöl
- 1 EL Sesamsamen
- 1 EL Kürbiskerne
- 1 EL Sonnenblumenkerne

## ZUBEREITUNG

- Für die Auberginencreme Auberginen waschen, die Schale einritzen und die Früchte auf höchster Stufe im Backofen erhitzen, bis sich die Schale schwarz verfärbt. Dies dauert ca. 30 Minuten. In der Zwischenzeit Knoblauch abziehen und etwas zerkleinern. Petersilie waschen und trockenschwenken. Die Blätter abzupfen und hacken. Auberginen halbieren, das Fruchtfleisch mit einem Löffel herauskratzen, in ein Sieb geben und die sich bildende Flüssigkeit ablaufen sowie die Auberginen etwas auskühlen lassen. Das Auberginenfleisch mit Knoblauch, Kreuzkümmel, Cayennepfeffer, etwas Salz, Öl und Zitronensaft in eine hohe Schüssel geben und zu einer cremigen Masse pürieren. Joghurt und Petersilie unterrühren.

- Für das Ofengemüse Aroniabeeren in eine Tasse geben und mit Wasser bedecken, beiseitestellen. Zwiebel abziehen und in breite Ringe schneiden. Restliches Gemüse waschen und putzen.

Blumenkohl in Röschen teilen, Kürbis vierteln und entkernen. Zucchini längs vierteln und wie die Paprikaschote in etwa gleich große Stücke schneiden. Kürbis und Süßkartoffel in kleinere Stücke schneiden. Birnen waschen, vierteln, vom Kerngehäuse befreien und ebenfalls in Stücke schneiden. Curry, Anis, Salz und Olivenöl in einem Schälchen zu einer Marinade verrühren. Das vorbereitete Gemüse in eine Schüssel geben und mit der Marinade vermengen, am besten mit den Händen. Auf ein oder zwei mit Backpapier belegte Bleche geben und bei ca. 180 °C (Umluft 160 °C, Gas Stufe 2–3) etwa 30 Minuten auf mittlerer Schiene im Ofen garen. Am Ende der Garzeit die Birnen zugeben und gegebenenfalls die Grillfunktion einschalten, damit das Gemüse noch etwas Farbe bekommt. Samen und Kerne in einer heißen Pfanne ohne Fett anrösten. Aroniabeeren abgießen. Das Gemüse mit der Auberginencreme auf Tellern anrichten und mit Samen und Kernen sowie den Aroniabeeren bestreut servieren.

# SOBANUDELSALAT
# MIT GEMÜSE

## Zutaten FÜR 4 PORTIONEN

**Für den Salat**
- 2 Möhren
- 2 Zucchini
- 100 g Babyspinat
- 5 Radieschen
- 1 rote Zwiebel
- 320 g Sobanudeln
- neutrales Öl zum Braten

- Salz

**Für die Sauce**
- 1 Knoblauchzehe
- 2 EL Sesampaste
- 2 EL Erdnussmus
- 2 EL Olivenöl
- 2 EL Limettensaft

- 2 EL Reisessig
- 1 TL Wasabi
- 1 EL Rohrohrzucker
- 2 EL Sojasauce
- Salz
- 3 EL geschälte Hanfsamen zum Garnieren

## Zubereitung

- Für den Salat Möhren, Zucchini, Babyspinat und Radieschen waschen und gegebenenfalls putzen. Möhren und Zucchini separat mit dem Sparschäler längs in Streifen schneiden. Den mittleren Teil der Zucchini dabei auslassen. Zwiebel abziehen und in Ringe schneiden. Radieschen in feine Scheiben schneiden.

- Für die Sauce Knoblauch abziehen und fein hacken. Mit den restlichen Zutaten sowie 3 bis 4 Esslöffel warmem Wasser mischen. Mit Salz abschmecken.

- Sobanudeln nach Packungsanleitung garen, abgießen und abschrecken.

- In der Zwischenzeit Öl in einer Pfanne erhitzen und Zwiebel darin nicht ganz glasig dünsten. Möhren zugeben und 1 Minute mitdünsten. Die Pfanne vom Herd nehmen und Zucchini sowie Babyspinat untermengen. Salzen.

- Zum Servieren entweder Sobanudeln und Gemüse vermengen oder das Gemüse auf den Sobanudeln anrichten. Die Sauce darübergeben und mit den Radieschenscheiben und Hanfsamen garnieren.

### SGF-Info

Bei uns angebotene Sobanudeln bestehen meist nur zu einem kleinen Teil aus Buchweizen und sind somit nicht glutenfrei. Aus ernährungsphysiologischer Sicht sind sie daher nicht viel besser als beispielsweise traditionelle Hartweizenpasta – auch wenn sie deutlich teurer sind. Aber für einen gelegentlichen Ausflug in die asiatische Küche kann man sich diese Nudelspezialität durchaus einmal gönnen.

# BIBIMBAP

## Zutaten FÜR 4 PORTIONEN

**Für das Bibimbap**
- 280 g Vollkornreis
- 200 g Rindfleisch zum Kurzbraten oder Tofu für die vegane Variante
- 1 Zucchini
- 2 Möhren
- 100 g Shiitakepilze oder braune Champignons
- 60 g Sojabohnensprossen

- 200 g Babyspinat
- Salz
- Sesamöl zum Braten

**Für die Würzsaucen**
- 2–3 Knoblauchzehen
- 1 kleine Frühlingszwiebel
- Salz
- 5 EL Sesamöl
- 1½ EL Sesamsamen

- 1–2 EL Sojasauce
- ¾ TL Rohrohrzucker
- 1 EL Reisessig

**Für die Chilisauce**
- 2–3 EL Chilipaste
- 1–2 TL Manukahonig oder Honig bzw. Reissirup für die vegane Variante

## Zubereitung

- Für das Bibimbap – ein beliebtes koreanisches Gericht, das mit Reis und verschiedenen Gemüsesorten sowie Fleisch, Fisch, Tofu oder einem gebratenen Ei serviert wird – Vollkornreis über Nacht in Wasser einweichen, damit er etwas weicher wird. Am nächsten Tag in ein Sieb abgießen und mit kaltem Wasser spülen. Anschließend nach Packungsanleitung zubereiten.

- Für die Würzsaucen Knoblauch abziehen und fein hacken. Frühlingszwiebel waschen, putzen und ebenfalls fein hacken. Für die Gemüsewürzsauce die Hälfte des Knoblauchs und die Hälfte der Frühlingszwiebel mit Salz und 2 bis 3 Esslöffel Sesamöl mischen. Für die Sojawürzsauce Sesamsamen in einer heißen Pfanne ohne Fett rösten. Sojasauce, restliches Sesamöl, Rohrohrzucker, Reisessig, restlichen Knoblauch, restliche Frühlingszwiebel und Sesamsamen in einem Schälchen mischen.

- Das Fleisch waschen, trockentupfen, in dünne Streifen schneiden – den Tofu in Stücke – und mit

der Sojawürzsauce gründlich vermengen. Etwas ziehen lassen.

- Zucchini und Möhren waschen, putzen und in feine Streifen schneiden. Die Pilze säubern und in feine Scheiben schneiden. Sojabohnensprossen blanchieren. Spinat waschen und ebenfalls blanchieren. Alles in separate Schälchen geben und mit der Gemüsewürzsauce vermengen. Mit Salz abschmecken.

- Für die Chilisauce Chilipaste mit etwas Wasser und Honig oder Reissirup verrühren.

- Sesamöl in einer Pfanne erhitzen und Gemüse, Sprossen sowie Pilze separat kurz darin braten. Zum Schluss das Fleisch bzw. den Tofu braten.

- Zum Servieren Reis in Schälchen geben und Gemüse sowie Fleisch bzw. Tofu, jede Sorte für sich, kreisförmig darauf anrichten. Mit der Chilisauce beträufeln.

# KARTOFFEL-BOHNEN-PÜREE
# MIT TOMATEN-KAPERN-GEMÜSE

## ZUTATEN FÜR 4 PORTIONEN

- 1 Glas weiße Bohnen (240 g Abtropfgewicht)
- 800 g mehligkochende Kartoffeln
- Salz
- 1 Knoblauchzehe
- ¼ l Pflanzenmilch
- 1 EL Butter
- Muskatnuss, frisch gerieben
- 1 große rote Zwiebel
- Olivenöl
- 1 TL Honig
- 250 g Datteltomaten
- 2 TL Kapern
- etwas Bohnenkraut

## ZUBEREITUNG

- Bohnen in ein Sieb geben und abtropfen lassen. Kartoffeln schälen, in Stücke schneiden und in Salzwasser garen. Gegen Ende der Garzeit die Bohnen dazugeben und 5 Minuten mitkochen. In ein Sieb abgießen und kurz ausdämpfen lassen.

- Knoblauch abziehen und fein hacken. Kartoffeln und Bohnen stampfen. Pflanzenmilch erwärmen und mit der Butter sowie dem Knoblauch zum Stampf geben. Kräftig verrühren. Salzen und mit Muskatnuss würzen.

- Zwiebel abziehen, halbieren und in Streifen schneiden. Olivenöl in einer Pfanne erhitzen und die Zwiebeln darin glasig dünsten. Honig zugeben. Tomaten waschen, halbieren und 2 bis 3 Minuten mitdünsten. Salzen. Vom Herd nehmen und die Kapern unterrühren.

- Das Bohnenkraut waschen, trockenschwenken und hacken. Das Püree auf Teller verteilen und das Gemüse darauf anrichten. Mit Bohnenkraut bestreut servieren.

### SGF-INFO

Bohnen stellen gerade für Veganer und Vegetarier eine gute Proteinquelle dar, zudem liefern sie wertvolle Mineralstoffe. Weiterhin enthalten sie komplexe Kohlenhydrate sowie Ballaststoffe und sorgen so u. a. für einen konstanten Blutzuckerspiegel. Nachteilig kann sich eventuell der Gehalt an Lektinen und Phytinsäure auswirken, daher sollte man auch Bohnen nur in vernünftigem Maße verzehren und sich generell möglichst abwechslungsreich ernähren.

# SUPER-STULLEN

# BRÖTCHEN MIT
# GRÜNKOHL-WALNUSS-PESTO

## ZUTATEN FÜR 2 PORTIONEN

**Für das Brötchen**
- 350 g frischer Rosenkohl
- 1 rote Zwiebel
- 1 – 2 TL Ghee; für die vegane Variante Kokos- oder Olivenöl
- Salz
- 1 TL Apfeldicksaft
- 2 Dinkel-Vollkornbrötchen

- Grünkohl-Walnuss-Pesto zum Bestreichen (Rezept siehe unten)
- 2 TL geschälte Hanfsamen

**Für das Pesto**
- 4 – 5 Handvoll Grünkohlblätter ohne Stiel

- 1 – 2 Knoblauchzehen
- 120 ml Olivenöl (evtl. mehr nach Bedarf)
- Salz
- 100 g Walnüsse

## ZUBEREITUNG

- Für das Brötchen Rosenkohl waschen, putzen und in Streifen schneiden. Zwiebel abziehen und in Ringe schneiden.

- Etwas Ghee in einer Pfanne erhitzen und Rosenkohl darin braten. Salzen. Eine weitere Pfanne erhitzen, etwas Ghee zugeben, heiß werden lassen und die Zwiebelringe darin glasig dünsten. Apfeldicksaft dazugeben und Zwiebelringe karamellisieren. Mit Salz würzen.

- Für das Pesto Grünkohlblätter waschen und trockenschleudern. In ein hohes, schmales Gefäß geben. Knoblauch abziehen und mit Olivenöl, Salz und Walnüssen ebenfalls in das Gefäß geben. Alles kräftig pürieren. Eventuell mehr Olivenöl zugeben – das Pesto sollte eine geschmeidige Konsistenz haben.

- Brötchen halbieren und die Hälften mit Pesto bestreichen. Warmen Rosenkohl und Zwiebelringe darauf anrichten und mit Hanfsamen garniert servieren.

### SGF-Info

Rosenkohl polarisiert aufgrund seines kräftigen Aromas und des leicht bitteren Geschmacks. Über seine gesundheitlichen Vorzüge lässt sich allerdings nicht streiten: Schon allein sein Vitamin-C-Gehalt übertrifft den aller anderen Kohlsorten und verbessert die Eisenaufnahme im Körper. Zudem ist Rosenkohl reich an weiteren Vitalstoffen wie z. B. B-Vitaminen, Kalium, Zink und verdauungsfördernden Ballaststoffen. Im Vergleich zu anderen Kohlsorten liefern die kleinen Röschen die höchste Menge an Glucosinolaten, auch Senfölglykoside genannt, besonders wirksame sekundäre Pflanzenstoffe. Sie werden vom Körper durch Enzyme in Senföle umgewandelt und wirken so u. a. antibakteriell, antiviral und stark antioxidativ. Wie Grünkohl ist Rosenkohl daher ein echtes regionales Superfood!

GESCHMACK
IST KING.
GESUND IST
KING KONG.

SUPER
(GOOD)
FOOD

# FEIGES ZICKLEIN

## ZUTATEN FÜR 2 PORTIONEN

- 2 Scheiben Roggenvollkornbrot
- ¼ Avocado
- 1 EL scharfer Senf
- 4 getrocknete Feigen
- 1 kleine Rolle Ziegenkäse (200 g)
- etwas fein gehackter Rosmarin

## ZUBEREITUNG

- Backofen auf 200 °C (Umluft 180 °C, Gas Stufe 3–4) vorheizen. Das Brot im Ofen rösten.

- Mit einem Löffel das Fruchtfleisch aus der Avocado kratzen. Mit Senf und 1 Feige pürieren und anschließend auf die Brote streichen.

- Restliche Feigen und Ziegenkäse in Scheiben schneiden und abwechselnd auf die Brote legen. Mit Rosmarin bestreuen und nochmals 5 Minuten unter dem Grill im Ofen rösten.

### SGF-Info

Feigen sind bei uns als Trockenfrüchte sehr beliebt. Sie enthalten Glukose und Fruktose, die an Mineralstoffe gebunden sind und so vom Körper langsamer aufgenommen werden. Außerdem enthalten sie viele Mineralstoffe, vor allem das für Sportler wichtige Magnesium, wertvolle Ballaststoffe und verdauungsfördernde Enzyme. Neben der Verwendung im Smoothie eignen sie sich sehr gut als gesunder süßer Snack sowie als Back- oder Müslizutat. Feigen sind basisch und tragen somit zur Neutralisation von Säuren bei – interessant für Menschen, die zu viel Fleisch oder Wurst und zu wenig Gemüse essen, unter Stress stehen oder zu viel Zucker oder Fertigprodukte konsumieren. All diese Faktoren fördern die Bildung von Säuren im Körper und damit auch die Entstehung verschiedener Zivilisationskrankheiten.

### SGF-Tipp

Wer mag, beträufelt die Brote vor dem Verzehr mit etwas Honig.

# STULLE MIT GORGONZOLA, BIRNEN UND SPINAT

## ZUTATEN FÜR 2 PORTIONEN

- 2 EL Walnüsse
- ¼ Zwiebel
- 1 Birne
- 1 Handvoll Babyspinat

- Öl zum Braten
- 1½ EL Gorgonzola
- 3 EL körniger Frischkäse
- 2 Scheiben Roggenvollkornbrot

## ZUBEREITUNG

- Walnüsse hacken und in einer Pfanne bei mittlerer Hitze ohne Fett rösten. Zwiebel abziehen und in Ringe schneiden. Birne waschen, vierteln, vom Kerngehäuse befreien und in Spalten schneiden. Spinat waschen, trockenschleudern und grob hacken.

- Öl in einer Pfanne erhitzen und Zwiebelringe darin bei mittlerer Hitze glasig dünsten. Aus der Pfanne nehmen, die Birnenspalten in die Pfanne geben und kurz erhitzen.

- Gorgonzola in einem kleinen Topf etwas erwärmen, gerade so, dass er verarbeitet werden kann, und den körnigen Frischkäse unterrühren. Auf den Broten verteilen. Den gehackten Spinat darübergeben und mit den Birnenspalten und Zwiebelringen belegen. Mit den gerösteten Walnüssen garniert servieren.

### SGF-Info

Walnüsse sind nicht nur lecker, sondern auch richtig gesund. Dies liegt u. a. daran, dass der Walnusskern voller bio-aktiver Inhaltsstoffe wie z. B. Vitamin E und Polyphenole steckt und vor allem reichlich Omega-3-Fettsäuren enthält. Außerdem ist das Verhältnis zwischen Omega-3- und Omega-6-Fettsäuren nahezu ideal. Der regelmäßige Verzehr kann so dazu beitragen, Blutdruck und Cholesterinspiegel zu senken und die Elastizität der Blutgefäße zu verbessern. 30 Gramm Walnüsse pro Tag sind optimal – also ca. 1 Handvoll.

# Avocado-Tomate-Koriander-Brot

## Zutaten für 2 Portionen

- 1 kleine Avocado
- 2 Tomaten
- 2 Scheiben rustikales Brot
- Salz
- Pfeffer aus der Mühle
- 1 Handvoll frische Korianderblättchen

## Zubereitung

- Avocado halbieren, entkernen und das Fruchtfleisch mit einem großen Löffel ganz aus der Schale lösen. Fruchtfleisch anschließend in Scheiben schneiden. Tomaten waschen, halbieren, vom Stielansatz befreien und ebenfalls in Scheiben schneiden.

- Die Brote mit den Avocado- und Tomatenscheiben belegen, mit Salz und Pfeffer würzen und mit Koriander bestreut servieren.

### SGF-Info

Frischer Koriander bereichert unseren Speiseplan nicht nur aufgrund seines köstlichen Aromas, auch seine inneren Werte können sich sehen lassen. Er liefert eine Fülle gesunder Inhaltsstoffe, u. a. wertvolle Mineralstoffe und Spurenelemente, viele Vitamine – darunter Folsäure und Vitamin K –, wichtige Antioxidanzien und eine Reihe ätherischer Öle, die eine gesunde Verdauung fördern und die Funktion der Leber unterstützen. Diese ätherischen Öle sind übrigens auch in Koriandersamen enthalten.

Frischer Koriander gleicht optisch der glatten Petersilie und gehört im gut sortierten Bio-Markt mittlerweile zum Standardsortiment. Alternativ kann auch glatte Petersilie verwendet werden.

# WINTERSTULLE MIT CHICORÉE

## Zutaten FÜR 2 Portionen

- 1 Staude Chicorée
- 1 säuerlicher Apfel
- 6 – 8 kleine Kirschtomaten
- ¼ TL Anissamen
- Öl

- Salz
- 2 EL Aceto balsamico
- 1 – 2 EL Limettensaft, frisch gepresst
- 2 EL Ahornsirup

- Pfeffer aus der Mühle
- 2 Scheiben rustikales Brot
- einige gehackte Walnüsse zum Garnieren

## Zubereitung

- Chicorée halbieren, den Strunk keilförmig entfernen. Die Blätter waschen, trockenschleudern und in Streifen schneiden. Apfel waschen, vierteln, vom Kerngehäuse befreien und in Spalten schneiden. Kirschtomaten waschen und halbieren.

- Anissamen in einer heißen Pfanne zunächst ohne Öl kurz rösten, anschließend etwas Öl sowie Chicorée und Apfelspalten dazugeben. Beides bei mittlerer Hitze anschwitzen. Salzen. Kirschtomatenhälften hinzufügen. Danach Aceto balsamico, Limettensaft und schließlich den Ahornsirup dazugeben. Mit Pfeffer würzen.

- Brot toasten oder in einer trockenen Pfanne von beiden Seiten rösten. Die Chicorée-Apfel-Mischung darauf verteilen und die Brote mit Walnüssen garniert servieren.

### SGF-Info

Herbe Salatsorten und Wildkräuter haben, u. a. aufgrund der darin enthaltenen Bitterstoffe, zahlreiche positive Auswirkungen auf unser Wohlbefinden. Eine alte Volksweisheit lautet nicht ohne Grund: Was bitter im Mund, ist dem Magen gesund! Bitterstoffe erhöhen die Verträglichkeit von Speisen, fördern den Speichel- und Gallenfluss, regen die Produktion von Magensäften an, zügeln den Appetit und unterstützen die Verdauung von Nährstoffen – vor allem von Fetten –, was sie zu natürlichen und somit unbedenklich anzuwendenden »Fatburnern« macht. Chicorée, Radicchio, Rucola und Wildkräuter sind daher eine wirkliche Bereicherung unseres Speiseplans. Ihre herben Aromen kombiniert man am besten mit milden Salaten oder süßen Früchten.

# KHORASAN-PASTRAMI-SANDWICH MIT CRANBERRY-APFEL-CHUTNEY

## ZUTATEN FÜR 2 PORTIONEN

**Für das Cranberry-Apfel-Chutney
(1 Glas, ca. 450 ml)**
- 150 g frische Cranberrys
- 1 säuerlicher Apfel
- 30 g frischer Ingwer
- 1 Zwiebel
- 2 EL Honig oder Ahornsirup
  für die vegane Variante

- 1 EL Rohrohrzucker
- 50 ml Himbeeressig
- ½ TL Sambal Oelek
- Salz

**Für das Sandwich**
- 4 Scheiben Khorasan-Brot
  (siehe Zutatencheck)

- 4–6 Blätter Romanasalat
- 1 Handvoll Sprossen, z. B.
  Brokkolisprossen
- 2 EL Frischkäse
- 1 TL scharfer Senf
- 100 g Pastrami in Scheiben

## ZUBEREITUNG

- Für das Cranberry-Apfel-Chutney Cranberrys in
  ein Sieb geben, waschen und abtropfen lassen.
  Apfel waschen, vierteln, vom Kerngehäuse
  befreien und in kleine Stücke schneiden. Ingwer
  schälen und sehr fein hacken. Zwiebel abziehen
  und ebenfalls fein hacken.

- Honig und Rohrohrzucker in einem Topf langsam
  erhitzen. Ingwer und Zwiebel dazugeben,
  umrühren. Mit Essig ablöschen. Apfelstücke und
  Cranberrys hinzufügen, bei mäßiger Hitze köcheln
  lassen, zwischendurch umrühren. Das Chutney
  ist fertig, wenn die Cranberrys geplatzt sind
  und die Flüssigkeit eingekocht ist. Dies dauert
  ca. 15 Minuten. Zum Schluss Sambal Oelek
  unterrühren und mit Salz abschmecken.

- Für das Sandwich Brot toasten. Salat waschen
  und trockenschleudern. Sprossen in ein Sieb
  geben, gründlich waschen und abtropfen lassen.

- Frischkäse und Senf verrühren und auf 2 der
  4 Brotscheiben streichen. Mit Salat und Sprossen

belegen, Pastrami darauf verteilen und mit je 1 bis
2 Esslöffel Chutney krönen. Mit Brot bedecken.

### SGF-Zutatencheck: Khorasan

Khorasan – auch Kamut genannt – gehört
wie Dinkel, Emmer und Einkorn zu den in
Vergessenheit geratenen Urgetreiden. Die
Sorte wurde schon vor mehr als 6000 Jahren
kultiviert, aufgrund des geringeren Ertrags
jedoch kaum gezielt gekreuzt und somit nie
überzüchtet. Kamut hat daher seine ernährungsphysiologisch positiven Eigenschaften
bewahrt. So liefert das Getreide gut 30 Prozent mehr Eiweiß als Weizen sowie wesentlich
mehr Mineralstoffe und Spurenelemente – vor
allem Magnesium, Zink und Selen.

# Snacks & Basics

# Hummus (Kichererbsenmus)

## Zutaten für 4 Portionen

- 1 Knoblauchzehe
- 1 Glas Kicher-
  erbsen (240 g
  Abtropfgewicht)
- 1 EL Tahin
  (Sesampaste)
- Saft von ½ Zitrone
- ½ TL Salz
- gemahlener
  Kreuzkümmel
- Paprikapulver
- 4 EL Olivenöl

## Zubereitung

- Knoblauch abziehen und zerkleinern. Die
  Kichererbsen mit dem Wasser sowie dem
  Knoblauch in einen Topf geben, erhitzen und für
  1 bis 2 Minuten aufkochen. Vom Herd nehmen und
  etwas abkühlen lassen.

- Sesampaste, Zitronensaft und Salz dazugeben
  und alles mit dem Stabmixer pürieren. Mit
  gemahlenem Kreuzkümmel und Paprikapulver
  abschmecken. Olivenöl unterrühren. Zum
  Servieren in eine flache Schale geben und nach
  Belieben mit noch etwas Olivenöl beträufeln und
  mit Petersilie garnieren.

## SGF-Info

Hummus ist vegan, schmeckt gut zu Brot oder als Aufstrich und kann auch als Dip zu Gemüse gereicht werden. Zudem ist Hummus reich an pflanzlichem Protein.
Die Kichererbsen liefern neben 18 Prozent Eiweiß viele
Vitamine und viel Magnesium sowie Eisen und Zink.
Aufgrund des hohen Ballaststoffanteils und des niedri-
gen glykämischen Index halten Kichererbsen den Blutzuckerspiegel niedrig und machen satt.

# Cashew-Vanille-Aufstrich

## Zutaten für 1 kleines Schraubglas

- 120 g Cashewkerne
- 70 – 90 ml
  Pflanzenmilch
- 1 Messerspitze
  gemahlene Vanille

## Zubereitung

- Cashewkerne für 20 bis 30 Minuten in Wasser
  einweichen. In ein Sieb abgießen, kurz
  abspülen und in den Standmixer geben. ¾ der
  Pflanzenmilch dazugeben und alles kräftig
  durchmixen. Vorsichtig etwas Pflanzenmilch
  nachgeben. Als Aufstrich sollte die Creme eine
  feste Konsistenz haben; ist sie nicht fest genug,
  noch einige Cashewkerne hinzufügen.

- Vanille unterrühren und die Creme in ein
  verschließbares Schraubglas füllen. Kühl lagern.
  Sie muss innerhalb weniger Tage aufgebraucht
  werden.

## SGF-Zutatencheck: Cashewkerne

Cashewkerne punkten nicht nur mit ihrem milden
und leicht süßlichen Geschmack, im Vergleich zu anderen Nussarten können sie vor allem mit ihrem für
Nüsse relativ geringen Fettgehalt von 42 Gramm pro
100 Gramm überzeugen. Zudem liefern sie viel hochwertiges Eiweiß, besonders viel Magnesium und kon-
zentrationsfördernde B-Vitamine. Ein echtes Brainfood
für zwischendurch!

# GLUTENFREIE
# Low-Carb-Cracker

## ZUTATEN FÜR 20–25 STÜCK

- 120 g Mandelmehl
- 50 g Leinmehl
- 1 TL Salz
- 2–3 TL getrocknete Kräuter

- 80 g Macadamianüsse
- 2 große Eier
- 4–5 EL Olivenöl

## ZUBEREITUNG

- Backofen auf 180 °C (Umluft 160 °C, Gas Stufe 2–3) vorheizen.

- Mandelmehl, Leinmehl, Salz und getrocknete Kräuter nach Wahl in eine Schüssel geben und mischen. Macadamianüsse in einer Küchenmaschine zerkleinern.

- Eier und Olivenöl mit einem Handrührgerät schaumig schlagen und die trockenen Zutaten sowie die Macadamianüsse unterrühren. Den Teig zunächst zu einer Kugel rollen und anschließend dünn ausrollen. Da er relativ fettig ist, kann man 2 Blätter Backpapier zu Hilfe nehmen – den Teig dann zwischen den Blättern ausrollen.

- Mit Plätzchenausstechern oder einem Glas Formen ausstechen oder den Teig mit dem Messer in Rechtecke, Rauten o. Ä. schneiden. Auf ein mit Backpapier ausgelegtes Blech legen und 10 bis 15 Minuten im Ofen backen.

### SGF-TIPPS

Beim DVD-Abend gesellen sich die Cracker mit einer Guacamole oder einem Joghurtdip gern zu Gemüsesticks oder selbst gemachten Gemüsechips. Für den Joghurtdip Joghurt bzw. Sojajoghurt mit Kräutern, Salz, Pfeffer und einem Spritzer Zitronensaft verrühren.

Als Variante kann man auch einige Sesamsamen vor dem Backen auf die Cracker streuen.

Und für einen intensiveren Kräutergeschmack sorgt die Zugabe von 1 Teelöffel frischen gehackten Kräutern wie z. B. Rosmarin und Thymian, die vor dem Ausrollen unter den Teig gemischt werden.

# STUDENTENFUTTER 2.0

## ZUTATEN FÜR CA. 15 PORTIONEN

- 40 g getrocknete Ananas
- 40 g getrocknete Feigen
- 40 g Datteln ohne Stein
- 40 g getrocknete Gojibeeren
- 40 g getrocknete Sauerkirschen

- 100 g Schokolade mit hohem Kakaoanteil (mind. 70 %)
- 40 g Walnüsse
- 40 g Cashewkerne
- 40 g Macadamianüsse

- 40 g Mandeln
- 40 g grüne Kürbiskerne
- 25 g Kokosflakes

## ZUBEREITUNG

- Die größeren Trockenfrüchte in kleine Stücke schneiden. Schokolade in kleinere Stücke schneiden oder brechen. Alle Zutaten in einer Schüssel vermengen, in ein Schraubglas füllen, fertig!

- Das Superfood-Studentenfutter kann portionsweise entnommen und praktisch überallhin mitgenommen werden. Schmeckt übrigens auch großartig als Topping auf einem Müsli!

### SGF-TIPPS

Der ideale Snack, wenn die Lust auf Süßes kommt – garantiert besser als jeder Schokoriegel. Trockenfrüchte liefern schnell verfügbare Energie, Nüsse und Kerne fördern die Konzentration. Vitamine, Mineralstoffe und Spurenelemente liefert die ausgewogene Kombination der Zutaten ebenfalls. Und die Schokolade rundet das Ganze geschmacklich ab – richtig gutes Brain & Soul Food!

Ähnliche Mischungen verwenden wir übrigens schon lange bei unserer Arbeit im professionellen Sportbereich. Diese erfreuen sich großer Beliebtheit.

# Kokos-Chia-Mandel-Riegel

## Zutaten für 1 kleines Blech/Auflaufform (ca. 25 x 30 cm); ergibt ca. 12–14 Riegel

- 175 g Kokosraspel
- 70 g Mandelmehl
- 40 g Kokosmehl
- 20 g Chiasamen
- 10 g geschälte Hanfsamen
- 10 g ungeschälte Hanfsamen

- 25 g Kakaonibs
- 50 g Kokosöl
- 2 Eier (siehe Tipp)
- 220 ml zimmerwarme Kokosmilch
- 1 TL gemahlene Vanille

- 50 ml Ahornsirup
- 1 Prise Salz
- Fett für das Blech

## Zubereitung

- Backofen auf 170 °C (Umluft 150 °C, Gas Stufe 2) vorheizen.

- Kokosraspel, Mandel- und Kokosmehl, Chiasamen, Hanfsamen und Kakaonibs in einer Schüssel mischen. Kokosöl ggf. erwärmen, bis es flüssig wird. Eier, Kokosmilch, Vanille, Ahornsirup und Salz mit dem Handrührgerät aufschlagen, das flüssige Kokosöl zugeben und verrühren. Anschließend die trockenen Zutaten unterrühren.

- Die Masse auf ein mit Backpapier ausgelegtes, gefettetes Blech geben und für ca. 30 Minuten im Ofen backen. Nach dem Abkühlen in Riegel oder Rauten schneiden.

### SGF-Tipp

Für die vegane Variante kann jeweils 1 Ei ersetzt werden durch entweder ½ zerdrückte Banane oder 2 Esslöffel gemahlene Leinsamen, mit 3 Esslöffel Wasser vermengt, oder 50 bis 60 Gramm cremig gerührten Seidentofu oder 80 Gramm Apfelmus.

### SGF-Info

Der Kokos-Chia-Mandel-Riegel ist gluten- und laktosefrei, Low Carb und paleo-tauglich. Sonst noch Wünsche?

# SuperHero-
# Power-Bars

## Zutaten für 4 große oder 8 kleine Riegel

- 25 g Quinoaflocken
- 25 g Chiasamen
- 30 g Roh-Kakaonibs
- 70 g Walnüsse

- 70 g Mandeln
- 70 g Datteln ohne Stein
- 80 g getrocknete Feigen
- 20 g Kürbiskerne

- 20 g geschälte Hanfsamen
- 2 EL Reissirup
- 20 g Kokosöl
- 2 TL Mandelmus

## Zubereitung

- Quinoaflocken und Chiasamen in die Küchenmaschine geben und zu Mehl vermahlen. Anschließend alle weiteren Zutaten, bis auf Reissirup, Kokosöl und Mandelmus, zugeben und weiter gründlich mixen.

- Kokosöl ggf. zerlassen, Reissirup und Mandelmus zugeben und glatt rühren. Die Mischung ebenfalls in die Küchenmaschine geben und alles zu einer festen Masse verarbeiten. Den Teig in gewünschter Dicke ausrollen und etwa 1 Stunde kühl stellen. Anschließend in Riegel der gewünschten Größe schneiden.

### SGF-Infos

Eine »saubere« Alternative zu herkömmlichen Süßigkeiten oder Sportriegeln, mit erlesenen Zutaten und – natürlich – ohne zugesetzten Industriezucker oder Süßstoffe. Mit anderen Worten: Ein Power-Riegel, wie er sein sollte!

Die Kombination aus ausgesuchten Trockenfrüchten, Nüssen, eiweißreichen Samen und Roh-Kakao liefert Schnell- und Langenergie, dazu hochwertiges Eiweiß, gesunde ungesättigte Fette, Mineralstoffe und Antioxidanzien. Wer es etwas schokoladiger mag, kann der Riegelmasse noch 1 bis 2 Teelöffel Kakaopulver hinzufügen.

# Matcha-Koogles

## Zutaten für 15–20 Stück

- 150 g Datteln ohne Stein
- 150 g getrocknete Aprikosen
- 100 g feine Dinkel-Vollkornflocken
- 100 g Walnüsse
- 1 – 2 TL Matcha
- Kokosflocken zum Wälzen

## Zubereitung

- Datteln und Aprikosen in eine Schüssel geben und für 2 bis 3 Stunden in Wasser einweichen. Abgießen und abtropfen lassen, gegebenenfalls überschüssiges Wasser ausdrücken.

- Dinkelflocken in einer Küchenmaschine oder im Profimixer zu Mehl mahlen, in eine Schüssel geben und beiseitestellen. Walnüsse in die Küchenmaschine oder den Profimixer geben und ebenfalls mahlen. Die Früchte zugeben und alles pürieren. Zum Schluss die gemahlenen Dinkelflocken sowie Matcha hinzufügen und alles nochmals vermengen (siehe Tipp).

- Von der Masse mit einem Esslöffel jeweils 1 Portion abstechen und Kugeln von gewünschter Größe formen. Kokosflocken in ein Schälchen oder in einen tiefen Teller geben und die Kugeln darin wälzen.

### SGF-Tipps

Gekühlt aufbewahrt halten sich die Koogles einige Wochen.

Beim Pürieren der Zutaten ist es notwendig, die Masse zwischendurch mit einem Kochlöffel oder Schaber von der Wand des Mixbehälters zu kratzen, da sie relativ weich und klebrig ist. Zur Not kann man den Matcha in einer Schüssel von Hand unter die Masse kneten.

Zum einfacheren Formen der Koogles kann man die Masse vorher für 20 bis 30 Minuten in den Kühlschrank stellen.

### SGF-Info

Die natürlichen Energiekugeln sind die perfekte Alternative zu herkömmlichen Energybars und -gels. Sie enthalten nur naturreine Zutaten und sind frei von Industriezucker, künstlichen Süßungsmitteln, Farbstoffen sowie künstlichen Aromen. Dafür liefern sie schnell verfügbare Kohlenhydrate aus Datteln und Aprikosen, ungesättigte Fettsäuren aus Nüssen, mittelkettige Fettsäuren aus Kokos sowie Antioxidanzien und Koffein aus Matcha.

# CHIA-KOKOS-PUDDING

## ZUTATEN FÜR 4 PORTIONEN

- 160 ml möglichst cremige Kokosmilch, ohne Zusätze
- 160 ml Reis-Kokos-Drink, z. B. von Provamel
- 6 EL Chiasamen
- Ahornsirup oder ein alternatives Süßungsmittel
- frisches Obst und/oder Nüsse nach Wahl zum Garnieren

## ZUBEREITUNG

- Kokosmilch gegebenenfalls leicht erwärmen, wenn sich Milch und Fett in der Verpackung getrennt haben. Reis-Kokos-Drink und Chiasamen dazugeben, umrühren und mit Ahornsirup süßen.

- Den Pudding in 4 Dessertgläschen füllen, abkühlen lassen und für 2 bis 3 Stunden kalt stellen. Vor dem Servieren mit frischem Obst oder Nüssen nach Wahl garnieren.

### SGF-TIPP

Bei Bedarf kann der Chiapudding prima am Abend zubereitet werden, um dann über Nacht im Kühlschrank zu quellen. Genau wie bei selbst gemachtem Birchermüsli oder Overnight Oats spart man so am Morgen wertvolle Zeit – ohne auf ein gesundes Frühstück verzichten zu müssen.

### SGF-INFO

Chiasamen werden schon eine ganze Weile gehyped – warum? Ganz einfach: Die kleinen Samen sind gesund und liefern viel Power. Vor allem aber gehören sie zu den »geschmacklich unproblematischen« Superfoods – trotz ihrer extrem hohen Nährstoffdichte schmecken sie sehr neutral und sind somit höchst vielseitig zu verwenden.

# Limetten-Avocado mit Hanfsamen

## Zutaten für 2 Portionen

- 1 reife Avocado
- Saft von ½ kleinen Limette
- Salz
- 2 TL Hanfsamen

## Zubereitung

- Avocado halbieren, entkernen und mit dem Limettensaft großzügig beträufeln. Salzen. Hanfsamen darübergeben und mit einem Löffel direkt aus der Schale löffeln.

### SGF-Tipp

Ein schneller und gesunder, dazu noch kohlenhydratarmer Snack für zwischendurch. Vegan, paleo-tauglich und richtig lecker – vorausgesetzt, man mag Avocados.

### SGF-Infos

Avocados gelten völlig zu Recht als Superfood: Vollgepackt mit einer Vielzahl an wertvollen, natürlichen Nähr- und Vitalstoffen wie z. B. gesunden ungesättigten Fetten – insbesondere Ölsäure, die sich positiv auf die Blutfettwerte auswirkt –, Vitaminen, Mineralstoffen und Spurenelementen, Aminosäuren, wichtigen Antioxidanzien und sekundären Pflanzenstoffen ist die Avocado ein echter Allrounder für unser Wohlbefinden. Und: 100 Gramm Avocado liefern rund sechs Gramm Ballaststoffe – also etwa ein Fünftel der empfohlenen Tagesmenge. Zusammen mit dem relativ hohen Fettgehalt sorgen Avocados so für ein lang anhaltendes Sättigungsgefühl.

Hanfsamen enthalten eine Fülle an Nährstoffen. Mit 30 Prozent toppt ihr Proteingehalt den aller Nüsse und Samen. Sie liefern alle essenziellen Aminosäuren, enthalten Omega-3- und Omega-6-Fettsäuren im idealen Verhältnis, viel zellschützendes Vitamin E, reichlich Mineralstoffe und Spurenelemente sowie zudem Antioxidanzien, Ballaststoffe und Chlorophyll.

# Sauerkraut

## Zutaten für 1–1,5 Schraubgläser à 1500 ml

- 1 Kopf Weißkohl
- 10 g Salz pro kg geschnittener Kohl

## Zubereitung

- Die äußeren Blätter des Weißkohls entfernen. 1 bis 2 große Blätter waschen und beiseitelegen. Den Kohl vierteln, den harten Strunk entfernen. Die Viertel mit dem Küchenhobel oder einer Küchenreibe in feine Streifen schneiden. Mit dem Salz in eine Schüssel geben und alles kräftig mit den Händen durcharbeiten, bis Saft aus dem Kohl austritt.

- Den Kohl schichtweise in ein großes sauberes (!) Schraubglas geben. Dabei jede Schicht so lange z. B. mit einem Holzstampfer zerstampfen, bis viel Flüssigkeit austritt und diese den Kohl bedeckt. Für 1 Kopf Weißkohl benötigt man 2 große Schraubgläser. Zum Schluss den Kohl mit den beiseitegelegten Blättern belegen; auch diese sollten mit Flüssigkeit bedeckt sein.

- Die Gläser verschließen und einige Tage an einen warmen, dunklen Ort stellen. Danach kann der Kohl an einem kühleren Ort platziert werden. Bis das Sauerkraut nachgereift und weicher geworden ist, dauert es noch 2 bis 3 Wochen.

### SGF-Tipps

Bevor die Gläser zum Fermentieren beiseitegestellt werden, unbedingt in ein flaches Gefäß, eine Schüssel o. Ä. stellen! Wenn man alles richtig gemacht hat, tritt durch den Gärungsprozess Wasser aus den Gläsern, das so aufgefangen werden kann. Es riecht dann auch schon typisch nach Sauerkraut. Zu diesem Zeitpunkt kann das Kraut zum Ausreifen an einen kühleren Ort wechseln. Das Sauerkraut ist monatelang haltbar.

Wer mag, kann das Sauerkraut mit verschiedenen Aromaträgern ansetzen. Es eignen sich z. B. Knoblauch, Lorbeerblätter, Wacholderbeeren und Dill. Für eine andere Geschmacksrichtung können auch Rote Beten, Äpfel oder Möhren zugegeben werden.

# KIMCHI

## ZUTATEN FÜR 1–1,5 SCHRAUBGLÄSER À 1500 ML

- 3 EL Salz
- 1 Chinakohl
- 1 Rettich

- 2 Möhren
- 2 Stangen Sellerie
- 1 große Zwiebel

- 4 Knoblauchzehen
- 5–6 cm Ingwerwurzel
- 3 TL Chiliflocken

## ZUBEREITUNG

- 1 Liter Wasser und Salz mischen, das Salz sollte sich im Wasser auflösen. Chinakohl, Rettich, Möhren und Sellerie waschen und putzen. 1 bis 2 große Blätter Chinakohl beiseitelegen, den Rest grob zerkleinern. Rettich und Möhren erst in dünne Scheiben schneiden und diese dann nochmals halbieren. Sellerie ebenfalls in dünne Scheiben schneiden. Das Gemüse mit dem angesetzten Salzwasser in eine große Schüssel füllen und 12 bis 24 Stunden mit Flüssigkeit bedeckt durchziehen lassen. Hierfür eventuell eine kleinere Schüssel oder einen Teller auf das Gemüse stellen und beschweren.

- Zwiebel und Knoblauch abziehen, Ingwer schälen. Alles grob zerkleinern. Chiliflocken dazugeben und in einer Küchenmaschine oder mit dem Pürierstab zu einer Paste verarbeiten.

- Die Salzlake nach der Ruhezeit in eine Schüssel abgießen, sie wird noch benötigt. Durch Probieren prüfen, wie salzig das Gemüse ist; der Geschmack sollte kräftig salzig, aber nicht versalzen sein. In diesem Fall das Gemüse mit etwas Wasser spülen, andernfalls noch etwas Salz hinzufügen. Wieder etwas Salzlake und die Gewürzpaste zum Gemüse geben. Alles gründlich vermengen.

- Das Gemüse samt Flüssigkeit in ein sauberes (!) größeres Schraubglas füllen. Der Inhalt muss vollständig mit der Flüssigkeit bedeckt sein. Eventuell noch etwas Salzlake dazugeben. Das Gemüse muss mehrmals kräftig nach unten gedrückt werden, damit Luft entweicht und das Gemüse etwas zusammenfällt. Zum Schluss die aufbewahrten Chinakohlblätter auf das Gemüse legen. Auch sie sollten vollständig von Flüssigkeit bedeckt sein. Mit einem Teller o. Ä. bedecken und diesen beschweren.

- Das Kimchi mit einem Geschirrtuch abdecken und bei Zimmertemperatur ca. 1 Woche stehen lassen – je länger, desto intensiver wird der typisch säuerliche Geschmack. Das Kimchi sollte in der Fermentationszeit täglich darauf geprüft werden, ob es noch völlig mit Flüssigkeit bedeckt ist. Anschließend in ein neues sauberes Glas füllen, verschließen und im Kühlschrank aufbewahren.

### SGF-TIPP

Im Kühlschrank ist Kimchi einige Monate haltbar. Es schmeckt als Beilage zu Tofu, Fleisch oder Fisch oder als Bestandteil eines Salates. Man kann es als Aromaträger auch in eine Suppe geben.

# DESSERTS

# KOKOS-QUARK-BÄLLCHEN AUF MANGOPÜREE

## Zutaten für 4 Portionen

**Für die Kokos-Quark-Bällchen**
- 200 g Magerquark
- 80 g Kokosmus
- 100 g Kokosmilch
- 4–5 EL Reissirup
- 130 g Kokosflocken
- 3–4 EL Kokosmehl

**Für das Mangopüree**
- 2 reife Mangos à ca. 400 g
- 1 EL Limettensaft, frisch gepresst
- 2–3 EL Reissirup

## Zubereitung

- Für die Kokos-Quark-Bällchen Quark in einer Schüssel mit einem Schneebesen cremig rühren und 10 Minuten bei Zimmertemperatur stehen lassen. Kokosmus, Kokosmilch und Reissirup in einem Topf leicht erwärmen und mit 100 Gramm Kokosflocken sowie Kokosmehl unter den Quark rühren. Wenn alle Zutaten gut vermengt sind, 30 bis 45 Minuten kalt stellen.

- Für das Mangopüree Mangos schälen und das Fruchtfleisch von den Steinen schneiden. ½ Mango zum Anrichten würfeln und beiseitestellen, den Rest in grobe Stücke schneiden und mit Limettensaft sowie Reissirup pürieren.

- Die Kokos-Quark-Masse aus dem Kühlschrank nehmen und pro Person 3 Kugeln formen. Die Kugeln in den restlichen Kokosflocken wälzen und auf dem Mangopüree anrichten. Mit den Mangowürfeln garniert servieren.

### SGF-Info

Quark macht stark! Auch wenn Milchprodukte heute teilweise zu Recht in die Kritik geraten sind und nicht mehr unreflektiert verzehrt werden sollten – Quark ist besser als sein Ruf. Besonders Magerquark enthält sehr viel hochwertiges Eiweiß und wichtige schwefelhaltige Aminosäuren. Er liefert so wichtige Bausteine für den Zellstoffwechsel und versorgt u. a. unsere Muskulatur. Wichtig ist, dass der Quark aus Milch von artgerecht gehaltenen Kühen mit Weidegang stammt – konventionelle Produkte sind keine gute Wahl.

# Rohkost-
# Schokoladencreme

## Zutaten für 4 Portionen

- 6 Datteln ohne Stein
- 2 EL Cashewkerne
- 3 EL Mandeln
- 1 reife Avocado
- 180 ml Pflanzenmilch
- 2 EL Kakaonibs
- ½ TL gemahlener Zimt
- 2 EL Kakaopulver
- 1 EL Kokosblüten- zucker
- Obst nach Wahl zum Garnieren

## Zubereitung

- Datteln, Cashewkerne und 2 Esslöffel Mandeln 1 Stunde in Wasser einweichen, anschließend abgießen. Die restlichen Mandeln hacken und in einer Pfanne ohne Fett rösten.

- Avocado halbieren. Kern entfernen, Fruchtfleisch mit einem Löffel aus der Schale lösen und mit den eingeweichten Zutaten sowie der Pflanzenmilch, 1 Esslöffel Kakaonibs, Zimt, Kakao und Kokosblütenzucker in einem Standmixer so lange mixen, bis eine cremige Masse entsteht. Bei Bedarf noch etwas Pflanzenmilch zugeben. Restliche Kakaonibs unterrühren.

- In 4 kleine Dessertgläschen füllen und 2 Stunden kühl stellen. Vor dem Servieren mit Obst und den gerösteten Mandeln garnieren.

## SGF-Info

Die Schokoladencreme ist nicht nur köstlich, sie liefert auch viele gute Inhaltsstoffe: gesunde Fettsäuren, se- kundäre Pflanzenstoffe und Ballaststoffe, Mineralstoffe, Spurenelemente und Antioxidanzien, Eiweiß, Magnesi- um und stimmungsaufhellendes Tryptophan.

# Dattelpaste

## Zutaten für 1 Schraubglas à ca. 200 ml

- 2 Handvoll Datteln ohne Stein

## Zubereitung

- Datteln 2 bis 3 Stunden in Wasser einweichen. Sollten die Datteln bereits sehr trocken sein, kann sich die Zeit für ein optimales Ergebnis auch verlängern. Anschließend im Standmixer pürieren, bis eine feine Masse entsteht und keine Stücke mehr vorhanden sind. Die Dattelpaste in ein Schraubglas füllen.

## SGF-Tipp

Die köstliche Dattelpaste eignet sich als universelles Süßungsmittel für diverse Rezepte, als Ergänzung für Müslis, Joghurt oder Quarkspeisen und sogar als süßer Brotaufstrich. Im Kühlschrank hält sie sich einige Tage.

# Bananen-Mandelmus-Sushi

## Zutaten für 4 Portionen

- 4 nicht zu reife Bananen
- 3–4 EL weißes Mandelmus
- 1–2 EL geschälte Hanfsamen

## Zubereitung

- Bananen schälen und für mindestens 30 Minuten ins Gefrierfach legen. Mandelmus sorgfältig verrühren, bis es cremig wird. Sollte das Mandelmus durch längeres Stehen fest sein, kann man es ganz einfach in einem Wasserbad erwärmen und so wieder flüssiger machen.

- Bananen auf ein Brettchen legen und rundum mit dem Mandelmus bestreichen. Mit Hanfsamen bestreuen und in kleine »Sushiröllchen« schneiden. Auf Tellern anrichten.

### SGF-Info

Mandelmus gibt es in zwei Varianten. Weißes Mandelmus wird aus blanchierten und gehäuteten, nicht gerösteten Mandeln zubereitet. Es schmeckt dadurch sehr mild und hat eine liebliche Note. Es sind keine Bittermandeln enthalten. Für braunes Mandelmus werden ungehäutete Mandeln verwendet, oftmals werden diese auch noch geröstet. Braunes Mandelmus schmeckt daher etwas herzhafter. In beiden Fällen bestehen hochwertige Produkte nur aus Mandeln und keinen weiteren Zutaten – deshalb vor dem Kauf unbedingt das Etikett studieren!

# Matcha-Mandel-Creme

## Zutaten für 4 Portionen

- 120 g Mandeln
- 10 Datteln ohne Stein
- 300 g Seidentofu
- 1–2 TL Matcha
- 1–2 EL Zitronensaft, frisch gepresst
- etwas flüssige Süße, z. B. Ahorn- oder Reissirup

## Zubereitung

- Mandeln blanchieren. Hierfür in eine Schüssel geben, Wasser zum Kochen bringen und die Mandeln so übergießen, dass sie mit Wasser bedeckt sind. 5 Minuten ziehen lassen, in ein Sieb abgießen und abkühlen lassen. Die Häute entfernen; dies geht ganz leicht, indem man die Mandel zwischen Daumen und Zeigefinger aus der Haut schiebt.

- Gehäutete Mandeln mit Wasser in eine Schüssel geben und 2 bis 3 Stunden einweichen. Wer keinen leistungsstarken Mixer zur Hand hat, sollte die Einweichzeit auf 8 bis 10 Stunden erhöhen. Datteln in ein Schälchen mit Wasser geben und ebenfalls 2 bis 3 Stunden einweichen.

- Mandeln und Datteln abgießen, abtropfen lassen und in die Küchenmaschine geben. Seidentofu ebenfalls abgießen und dazugeben. Matcha sowie Zitronensaft hinzufügen und alles zu einer cremigen Masse pürieren. Sollte die Creme noch zu fest sein, nach Belieben noch etwas Mandelmilch dazugeben. Mit flüssiger Süße süßen. In 4 Dessertgläschen füllen und mindestens 2 bis 3 Stunden kühl stellen.

# Beeren in Cashew-Tonka-Kokos-Creme

## Zutaten für 4 Portionen

- 120 g Cashewkerne
- 200–240 ml Pflanzenmilch
- 1–2 TL Kokosmus
- 1 Tonkabohne

- 400 g gemischte Beeren, z. B. Erdbeeren, Blaubeeren, Brombeeren, Himbeeren

## Zubereitung

- Cashewkerne 20 bis 30 Minuten in Wasser einweichen. In ein Sieb abgießen, kurz abspülen und in den Standmixer geben. ¾ der Pflanzenmilch sowie das Kokosmus dazugeben und alles kräftig durchmixen. Eventuell noch etwas Pflanzenmilch hinzufügen – die Creme sollte nicht zu fest, aber auch nicht zu flüssig sein. Ist sie zu flüssig geworden, entweder noch Kokosmus oder ein paar Cashewkerne dazugeben. Die Creme in eine Schüssel füllen, etwas Tonkabohne darüberreiben und nochmals gut verrühren.

- Beeren waschen, gegebenenfalls putzen und trockentupfen. Mit der Creme in 4 Dessertgläschen füllen.

### SGF-Tipps

Die Creme lässt sich besser aus dem Mixbehälter kratzen, wenn man den Mixer so lange laufen lässt, bis die Creme etwas warm wird (nicht heiß). Es wäre schade um die Reste, die sonst dort verbleiben. Als Fruchtalternative unbedingt mal mit Mango probieren!

Tonkabohnen gehören zu den besonders spannenden Küchenzutaten – nur wenige Gewürze weisen eine ähnliche Bandbreite an Aromen auf. Ihr intensiver, süßlicher und gleichzeitig herber Geschmack erinnert an Vanille, Marzipan und Zimt. Tonkabohnen sollten nur sehr sparsam verwendet und am besten mit einer Muskatreibe verarbeitet werden. Sie sind im Gewürzhandel, in Spezialitätenläden oder auch online erhältlich. Als Alternative in Süßspeisen kann man ohne Weiteres auch auf Vanille zurückgreifen.

# QUINOAPUDDING
# MIT MANDELN UND SESAM

## Zutaten FÜR 4 Portionen

- 80 g weißer Quinoa
- 2 Bananen
- 1 – 2 grüne Kardamomkapseln
- ¼ – ½ TL gemahlener Zimt

- 200 ml Pflanzenmilch
- 1 – 2 EL Ahornsirup
- 1 Prise Salz
- 3 EL Mandeln

- 2 EL Sesamsamen
- 3 – 4 EL Ahornsirup zum Karamellisieren

## Zubereitung

- Da das in der Schale enthaltene Saponin dem Quinoa einen bitteren Geschmack verleiht, sollte er vor der Zubereitung gründlich gewaschen und in ein engmaschiges Sieb abgeseiht werden. Alternativ kann auch ein Leinen- oder Geschirrtuch benutzt werden. Den Vorgang eventuell wiederholen, bis das Wasser klar bleibt.

- Quinoa mit 150 Milliliter Wasser in einem Topf zum Kochen bringen. Anschließend die Temperatur auf niedrige bis mittlere Hitze reduzieren und den Quinoa knapp 15 Minuten langsam köcheln lassen, dabei gelegentlich umrühren. In ein engmaschiges Sieb abgießen.

- In der Zwischenzeit Bananen schälen und in grobe Stücke schneiden. Kardamomkapseln öffnen, die Samen entfernen. Diese mit Bananen, Zimt, Pflanzenmilch, Ahornsirup und Salz im Standmixer oder mit dem Stabmixer pürieren. Die Masse in einen Topf geben, Quinoa unterrühren und nochmals für 5 bis 10 Minuten köcheln lassen, bis eine cremige Masse entstanden ist. Mit Zimt abschmecken.

- Mandeln hacken und mit den Sesamsamen in einer heißen Pfanne bei mittlerer Hitze ohne Fett rösten. Mit Ahornsirup karamellisieren.

- Den Quinoapudding in 4 Dessertschälchen füllen und mit den karamellisierten Sesamsamen und Mandeln bestreuen.

### SGF-Tipp

Der Pudding kann warm oder kalt serviert werden. Für eine fruchtige Variante Zimt und Kardamom gegen 2 Messerspitzen gemahlene Vanille austauschen und Sesamsamen sowie Mandeln durch Früchte nach Wahl – z.B. Kirschen, Erdbeeren, Mango oder Pfirsiche – ersetzen.

# BANANA NUT BREAD,
# AKA »BREAD FITT«

## ZUTATEN FÜR 1 KASTENFORM, CA. 30 CM

- 2 EL Leinsamen
- 190 g Dinkel-Vollkornmehl
- 60 g Erdmandelmehl (siehe Info)
- ½ Päckchen Backpulver
- 2 EL Chiasamen

- 2 EL ungeschälte Hanfsamen
- 120 g Kokosöl
- ca. 270 g geschälte Bananen
- 12 kleine Datteln ohne Stein
- 3 EL Mandelmus, z. B. von Monki oder Rapunzel

- ca. 150 ml Mandel-Dinkel-Drink
- 80 g Walnüsse
- 1 EL Gojibeeren
- Fett für die Form

## ZUBEREITUNG

- Backofen auf 175 °C (Umluft 150–160 °C, Gas Stufe 2–3) vorheizen. Leinsamen mit einem Mörser oder in der Küchenmaschine schroten. Dinkel-Vollkornmehl, Erdmandelmehl und Backpulver sieben und mit Chia-, Hanf- und Leinsamen vermischen; beiseitestellen.

- Kokosöl zerlassen. 2½ Bananen und 9 Datteln im Standmixer pürieren. Mandelmus, Mandel-Dinkel-Drink und Kokosöl dazugeben und alles gut verrühren. Anschließend die trockenen Zutaten nach und nach unter ständigem Rühren zugeben.

- Restliche Datteln in feine Stücke schneiden, restliche ½ Banane mit einer Gabel zerdrücken. Walnüsse grob hacken. Datteln, Banane, Walnüsse und Gojibeeren unter den Teig rühren, den Teig in eine gefettete Backform geben und das Banana Nut Bread 50 bis 60 Minuten im Ofen backen.

### SGF-TIPP

Als Variation könnt ihr Erdnussbutter statt Mandelmus oder Kokosmehl statt Erdmandelmehl verwenden.

### SGF-INFOS

Dinkel gilt als eine der gesündesten und bekömmlichsten Getreidesorten überhaupt und wurde schon von Hildegard von Bingen verwendet. Er enthält u. a. viel hochwertiges Eiweiß, Vitamine, Mineralstoffe, Spurenelemente, Ballaststoffe und gesunde Fettsäuren. Dinkel ist nicht glutenfrei, wird aber erfahrungsgemäß von Menschen mit Glutensensitivität besser vertragen als beispielsweise Weizen. Erdmandeln liefern, genau wie Chia- und Leinsamen, u. a. sehr viele Ballaststoffe, das Banana Nut Bread sättigt daher besonders lange. Außerdem verleihen sie Backwaren eine leichte Süße, wodurch die Zuckermenge etwas reduziert werden kann.

# BANANEN-ACAI-
# BEEREN-EIS

## ZUTATEN FÜR 4 PORTIONEN

- 3 Bananen
- 5–6 Datteln ohne Stein
- 2 Handvoll gemischte Beeren nach Wahl (TK)
- 1–2 TL Acaipulver
- etwas Flüssigkeit nach Bedarf, z. B. Dinkeldrink
- 1 EL Kakaonibs

## ZUBEREITUNG

- Bananen schälen und in grobe Stücke schneiden. Für ca. 4 Stunden ins Gefrierfach legen. Datteln im Mixer pürieren; sollten sie sehr trocken sein, vor dem Pürieren 30 bis 40 Minuten in etwas Wasser einweichen.

- Gefrorene Bananenstücke, Beeren und Acaipulver zu den Datteln geben und ebenfalls pürieren. Nach Bedarf etwas Flüssigkeit hinzufügen, sodass eine cremige Masse entsteht. Achtung: Beim Pürieren vorsichtig vorgehen. Lieber öfter kurz mixen als zu lang, da sonst eventuell alles zu flüssig wird.

- Kakaonibs zur Bananen-Acai-Beeren-Masse geben und auf niedriger Stufe untermischen. Das Eis in 4 Dessertschälchen füllen und sofort servieren.

### SGF-TIPP

Bei den Beeren kann man entweder seine Lieblingssorte wählen oder einfach verschiedene Beeren mischen. Greift man zu Beeren, die etwas mehr Säure aufweisen, ist es eventuell notwendig, mehr Datteln zu verwenden. Retten kann man das Eis aber auch noch in letzter Minute durch die Zugabe von Ahornsirup. Kakaonibs sorgen für einen leichten »Crunch« und liefern zudem – genau wie Acai – wertvolle Antioxidanzien und Mineralstoffe.

# BROWNIES RELOADED

**Zutaten für 1 rechteckige Backform (20 x 30 cm) oder 1 Springform (Ø 26 cm)**

- 200 g Teff-Mehl
- 1 EL Kakaopulver
- ½ Päckchen Backpulver
- 200 g dunkle Kuvertüre, 70 % Kakaoanteil
- 4 Eier

- 100 g Rohrohrzucker
- 100 g Kokosöl
- 1 EL Erdnussmus
- 80 ml neutrales Pflanzenöl
- 100 ml Ahornsirup

- ¼ TL gemahlene Vanille
- ¼ TL Salz
- 4 EL Walnüsse
- 2 EL Gojibeeren
- Fett für die Form

## ZUBEREITUNG

- Backofen auf 175 °C (Umluft 160 °C, Gas Stufe 2) vorheizen. Teff-Mehl, Kakao und Backpulver in einer Schüssel mischen.

- Kuvertüre über dem Wasserbad schmelzen. Eier und Zucker mit dem Handrührgerät schaumig schlagen. Kokosöl – und auch das Erdnussmus, sofern es zu fest ist – etwas erwärmen. Kokosöl, Pflanzenöl, Ahornsirup, Vanille und Erdnussmus in die Eier-Zucker-Masse rühren. Salz zugeben und ebenfalls verrühren. Die geschmolzene Schokolade unter Rühren in die Masse einlaufen lassen. Anschließend Mehl, Kakao und Backpulver nach und nach in die Masse sieben und unterrühren. Zum Schluss Walnüsse halbieren oder vierteln und mit den Gojibeeren ebenfalls in den Teig rühren.

- Eine Backform fetten, den Teig hineingeben. Die Brownies für ca. 25 Minuten auf der mittleren Schiene im Ofen backen.

### SGF-Zutatencheck: Kokosöl

Das im Kokosfleisch enthaltene Fett besteht zwar größtenteils aus gesättigten Fetten, diese liegen aber überwiegend in Form der mittelkettigen Fettsäuren (MCT – Medium Chain Triglycerides) vor, die unser Körper besonders gut zur Energiegewinnung heranziehen kann. Kokosfett regt so u. a. den Stoffwechsel an. Dadurch kann Kokosöl z. B. beim Abnehmen helfen – wenn man es in Maßen verzehrt und dadurch ungesunde Fette ersetzt. Kokosöl gilt – neben seiner günstigen Zusammensetzung der enthaltenen Fettsäuren – vor allem aufgrund seines sehr hohen Rauchpunktes als eines der besten Öle zum Kochen, Schmoren und Braten. Darüber hinaus verleiht es vielen Speisen ein angenehmes und exotisches Aroma. Wichtig: Nur kalt gepresstes, natives Öl verwenden. Kokosöl ist bei Temperaturen bis 24 °C fest und wird daher meist in Gläsern – nicht in Flaschen – verkauft. Optisch ist es mit Schmalz vergleichbar.

# MANGO-EIS

## ZUTATEN FÜR 4 PORTIONEN

- 2–3 Mangos, je nach Größe
- 6–8 Datteln ohne Stein
- 210 ml Pflanzenmilch

- 3 EL weißes Mandelmus
- 3 EL Limettensaft, frisch gepresst

## ZUBEREITUNG

- Mangos schälen, das Fruchtfleisch vom Stein schneiden. Würfeln und für ca. 4 Stunden ins Gefrierfach legen. Datteln im Mixer pürieren; sollten sie sehr trocken sein, vor dem Pürieren 30 bis 40 Minuten in etwas Wasser einweichen.

- Gefrorene Mangostücke, 140 Milliliter Pflanzenmilch, Mandelmus und Limettensaft zu den Datteln geben und alles vorsichtig pürieren. Restliche Pflanzenmilch bei Bedarf hinzufügen. In 4 Dessertschälchen füllen und sofort servieren.

### SGF-Info

Datteln enthalten leicht verdauliche Kohlenhydrate, also schnell verfügbare Energie, und liefern zudem wertvolle Mineralstoffe, Spurenelemente und Enzyme – ein idealer Snack für Sportler. Doch Datteln können noch mehr: Die enthaltenen Zuckerarten Glukose und Fruktose liegen nahezu im Verhältnis von 1:1 vor, daher gelten Datteln als besonders gut verträgliche Alternative zu Industriezucker und Agavensirup.

# DRINKS

# Banane-Kokos-Limetten-Shake

## Zutaten für 2 Portionen

- 2 Bananen
- 200 ml Reis-Kokos-Drink
- 200 ml Kokosmilch
- 1 Schuss Limettensaft, frisch gepresst
- 2 TL Chiasamen

## Zubereitung

- Bananen schälen, in Stücke schneiden und für ca. 4 Stunden ins Gefrierfach legen. Die gefrorenen Bananenstücke in einen leistungsstarken Mixer geben, die restlichen Zutaten dazugeben und alles pürieren.

### SGF-Zutatencheck: Chiasamen

Mit 22 Prozent enthalten Chiasamen relativ viel Eiweiß und alle essenziellen Aminosäuren – sie liefern also vollwertiges Protein. Darüber hinaus enthalten sie gesunde Fettsäuren im idealen Verhältnis, viele Mineralstoffe und Spurenelemente, gesunde Antioxidanzien und einen hohen Anteil an Ballaststoffen. Zusammen mit ihrer hohen Quellfähigkeit sorgen Chiasamen so u. a. für ein lang anhaltendes Sättigungsgefühl.

### SGF-Tipps

Die Bananen kann man notfalls auch verwenden, ohne sie einzufrieren. Für die Konsistenz und das Mundgefühl sind gefrorene Bananen aber die bessere Wahl.

Und hier noch ein kleines Extra für alle Ausdauersportler: selbst gemachtes Chia-Energygel mit mineralstoffreichem Kokoswasser. Dafür Chiasamen und Kokoswasser – alternativ Wasser oder Wasser und Saft – im Verhältnis 1:3 mischen. 1 guten Schuss frisch gepressten Zitronensaft und 2 Teelöffel Kokosblütenzucker dazugeben und 10 bis 12 Stunden im Kühlschrank quellen lassen. Vor besonders langen und intensiven Trainingseinheiten kann man das Gel zusätzlich beispielsweise mit 1 geschälten und zerdrückten Banane und 1 Dattel kombinieren. Eine ideale und vor allem rein natürliche Alternative zu künstlich gesüßten Energygels und -drinks.

# Sweet Green Mineralizer

## Zutaten für 2 Portionen

- 2 Handvoll Postelein
- 3 kleine Grünkohlblätter ohne Stiel
- ca. 1 cm Ingwerwurzel
- 1 Birne
- ¼ reife Avocado
- 2 Feigen
- 250 ml Kokoswasser
- 1 Schuss Kokosmilch

## Zubereitung

- Postelein und Grünkohl waschen und trockenschleudern. Den Grünkohl etwas zerkleinern. Ingwer schälen. Birne waschen, vom Kerngehäuse befreien, vierteln und in grobe Stücke schneiden. Avocado schälen und entkernen. Die Feigen ebenfalls etwas zerkleinern.

- Die vorbereiteten Zutaten mit Kokoswasser und Kokosmilch in einen Standmixer geben und pürieren, bis alles schön cremig ist.

### SGF-Info

Kokoswasser, die Flüssigkeit der jungen Kokosnuss, ist das einzige natürlich vorkommende isotonische Getränk und daher besonders gut zum Flüssigkeitsausgleich geeignet. Sein Kaliumgehalt ist relativ hoch, der Gehalt an Kalzium, Magnesium und Natrium ist mit dem eines guten Mineralwassers zu vergleichen. Feigen hingegen liefern besonders viel Magnesium und ergänzen so – zusammen mit dem mineralstoffreichen Grünkohl – den Mineralstoffgehalt auf nahezu ideale Weise.

### SGF-Tipps

Durch den Mixvorgang entsteht Wärme – und warme Smoothies schmecken nicht besonders. Daher sollten alle Zutaten gekühlt sein, das Kokoswasser kann vor der Zubereitung 15 bis 20 Minuten ins Eisfach gestellt werden. Wer einen professionellen Mixer besitzt, kann je nach Belieben auch einige Eiswürfel oder Kokoswasser-Eiswürfel mitmixen.

Wer keinen Hochleistungsmixer hat, sollte auf den Grünkohl verzichten und dafür mehr Postelein verwenden. Grünkohl hat eine sehr harte Zellstruktur, weshalb leistungsschwächere Mixer oft nur ein stückiges Ergebnis erzielen oder zu lange für den Mixvorgang brauchen.

Wer diesen Smoothie nach einer schweißtreibenden längeren Ausdaueraktivität (> 60 Minuten) trinken möchte, sollte noch 1 Prise keltisches Meersalz oder Himalajasalz hinzufügen, um auf diese Weise das verlorene Natrium zu ersetzen.

# Clean Immunizer

## Zutaten für 2 Portionen

- ca. 1½ cm Ingwerwurzel
- ca. 1 cm frische Kurkumawurzel
- 2 Orangen
- 100 ml Acerolasaft

- 200 ml Blutorangensaft (Direktsaft)
- 100 ml cremige Kokosmilch ohne Zusätze

- 2 getrocknete Feigen
- 2 TL Manukahonig

## Zubereitung

- Ingwer und Kurkuma schälen, grob zerkleinern und in einen leistungsstarken Mixer geben.

- Orangen schälen und in Spalten teilen. Mit den restlichen Zutaten ebenfalls in den Mixer geben und alles auf hoher Stufe 30 bis 40 Sekunden pürieren.

### SGF-Zutatencheck: Acerola

Die aus Südamerika stammende Acerola gilt als eine der Vitamin-C-reichsten Früchte der Welt. Mit 1700 Milligramm pro 100 Gramm steckt sie alle Mitbewerber locker in die Tasche. Ferner enthält die kirschähnliche Frucht Provitamin A, Vitamin B1 und B2 sowie Mineralstoffe und Spurenelemente. Unschlagbar ist die Acerola vor allem als natürlicher Vitamin-C-Booster. Die sehr empfindlichen Früchte sind bei uns nicht frisch erhältlich, daher empfiehlt sich die Anwendung als Saft, z.B. Acerola Pur von Voelkel.

### SGF-Zutatencheck: Manukahonig

Honig gilt seit Jahrhunderten als wirksames und vielseitig einsetzbares Naturheilmittel und als natürliches Süßungsmittel. Honig enthält, neben Zucker, wertvolle Enzyme, Mineralstoffe und Spurenelemente. Darüber hinaus wirkt Honig antibakteriell, u. a. weil er durch seinen konzentrierten Zuckergehalt Bakterien das Wasser entzieht und so deren Vermehrung behindert. Der aus Neuseeland stammende Manukahonig enthält zudem eine besonders hohe Konzentration an Methylglyoxal (MGO), ein stark antibakteriell wirkendes Zuckerabbauprodukt. Manukahonig gilt als besonders gesund und immunstärkend.

# Mango-Joghurt-Recovery-Shake

## Zutaten für 2 Portionen

- 1 Mango
- ca. 2 – 3 cm frische Kurkumawurzel
- ca. 2 cm Ingwerwurzel
- 2 EL Naturjoghurt
- 2 Datteln ohne Stein

- 1 Prise grobes Himalaja- oder Meersalz
- 2 TL geschmacksneutrales Wheyprotein oder Reisprotein für die vegane Variante (siehe Tipp)

- 200 ml Kokoswasser
- 75 ml Kokosmilch
- 1 EL rohe Kakaonibs

## Zubereitung

- Mango schälen. Das Fruchtfleisch vom Stein schneiden, würfeln und für ca. 4 Stunden ins Gefrierfach legen.

- Kurkuma und Ingwer schälen, grob zerkleinern und mit den gefrorenen Mangowürfeln sowie den restlichen Zutaten außer den Kakaonibs in einen leistungsstarken Mixer geben. Auf hoher Stufe pürieren. In Gläser füllen und mit Kakaonibs garniert servieren.

### SGF-Tipp

Beim Wheyprotein (Molkeneiweiß) empfehlen wir die Verwendung eines biologisch hergestellten Konzentrats.

### SGF-Zutatencheck: Kurkuma, Ingwer und Datteln

Kurkuma gilt als eines der gesündesten Lebensmittel der Welt. Der enthaltene Hauptwirkstoff Curcumin wirkt u. a. entzündungshemmend und bei manchen Krankheiten wie z. B. Arthritis schmerzlindernd – ganz ohne Nebenwirkungen. Curcumin stärkt das Immunsystem, schützt vor Viren und Bakterien und wirkt sehr stark antioxidativ. Da es schlecht wasserlöslich ist, sollte es immer mit etwas Fett kombiniert werden. Auch Ingwer wirkt entzündungshemmend und immunstärkend. Weiterhin kann die regelmäßige Einnahme von Ingwer Muskelschmerzen und Muskelkater wirksam lindern. Datteln enthalten eine nahezu ideale Kombination der Zuckerarten Glukose und Fruktose. Sie liefern sehr schnell verfügbare Energie und sorgen so u. a. dafür, dass die Aminosäuren des Wheyproteins schnellstmöglich zur beanspruchten Muskulatur gelangen und den Regenerationsprozess einleiten.

# Banana-Maca-Coconut-Shake

## Zutaten für 2 Portionen

- 1½ Bananen
- 300 ml Soja- oder Dinkeldrink
- 100 ml Kokosmilch

- 1 – 1½ EL Rohkakaopulver oder Kakaopulver
- ¾ – 1 EL Macapulver
- 1 EL geschälte Hanfsamen

- 1½ EL geschmacksneutrales Wheyprotein oder Reisprotein für die vegane Variante (siehe Tipp)

## Zubereitung

- Bananen schälen, in Stücke schneiden und für ca. 4 Stunden ins Gefrierfach legen.

- Gefrorene Bananenstücke mit den restlichen Zutaten in einen Mixer geben. Wenn der Mixer nicht so leistungsstark ist, sollten die Bananenstücke kleiner portioniert sein, oder es sollte auf das Einfrieren ganz verzichtet werden. Alles auf höchster Stufe pürieren, in Gläser füllen und kalt servieren.

### SGF-Tipps

Wer etwas zusätzliches Koffein benötigt, kann ½ bis 1 Teelöffel Guaranapulver hinzugeben.

Je nach persönlicher Präferenz und Ernährungsphilosophie können Proteinshakes mit Wheyprotein oder Reisprotein aus gekeimtem und bio-fermentiertem Reis zubereitet werden. Beide Quellen liefern alle essenziellen Aminosäuren und somit vollständiges Protein. In beiden Fällen sollten Bio-Proteinpulver ohne Zusatzstoffe bevorzugt werden.

### SGF-Zutatencheck: Maca

Die Macaknolle – oftmals auch als Anden-Ginseng bezeichnet – stammt wie die meisten Superfoods aus Südamerika. Sie ist besonders nährstoffreich und liefert u. a. leicht verdauliche Kohlenhydrate, viele Vitamine, darunter fast alle B-Vitamine, Mineralstoffe und Spurenelemente, sekundäre Pflanzenstoffe und ungesättigte Fettsäuren.

# Orange-Chicorée-Koriander-Smoothie

## Zutaten für 2 Portionen

- 1 kleine Staude Chicorée
- ½ Kopf Romanasalat
- ¼ Bund Koriander
- 2 Orangen
- ½ Banane
- 300 ml Kokoswasser oder Wasser

## Zubereitung

- Alle Zutaten sollten gekühlt sein; wenn nötig und falls ein leistungsstarker Mixer vorhanden ist, einige Eiswürfel beim Mixen dazugeben.

- Chicorée und Romanasalat waschen, putzen und trockenschleudern. Beides grob schneiden und in einen Standmixer geben. Koriander waschen, trockenschwenken und Blätter sowie Stiele ebenfalls in den Mixer geben.

- Orangen und Banane schälen. Orangen in Spalten teilen, Banane in grobe Stücke schneiden. Beides zu den anderen Zutaten in den Mixer geben. Mit Kokoswasser oder Wasser auffüllen, kräftig mixen und kalt servieren.

### SGF-Info

Bananen sind nicht ohne Grund vor allem bei Ausdauersportlern sehr beliebt. Reife – gelbe – Bananen liefern leicht verdauliche Kohlenhydrate und sichern so eine konstante Energieversorgung. Weiterhin enthalten sie viele Mineralstoffe, vor allem Kalium, und Vitamin B6, das u. a. wichtig für das Nervensystem ist. Bananen gelten daher auch als idealer Snack bei Stress. Zusammen mit ein paar Nüssen und Trockenfrüchten also perfekt fürs Büro!

# DANKE, DANKE, DANKE!

Ohne die Unterstützung zahlreicher Freunde und Partner wäre die Umsetzung unseres ersten Buches wohl kaum möglich gewesen. Unser besonderer Dank gilt:

- Saskian Schubert, Berlin – für die großartige Unterstützung bei unseren Food-Fotos
- Röhms Deli, Lüneburg – für die tolle Shooting-Location
- Angelika und Erhard Gantner – für die Nerven bei der tagelangen Belagerung von Küche, Haus, Garten und Hof bei diversen Food-Shootings und Last-Minute-Sessions
- Tischlerei Hubertus Wassermann, Lüneburg – für die Zurverfügungstellung diverser Holzplatten aller Art
- Außerdem unseren teils langjährigen Partnern, die uns auch bei der Produktion dieses Buches unterstützt haben, u.a.
- Davert GmbH, Ascheberg Keimling Naturkost GmbH, Buxtehude
- Kivanta, Weilburg
- Matcha 108, Hamburg
- Real Coconut Water Europe, Hamburg
- Troll Ökologische Backwaren GmbH, Essen

# Impressum

## 1. Auflage

© 2016 by Südwest Verlag, einem Unternehmen der Verlagsgruppe Random House GmbH, Neumarkter Straße 28, 81673 München

## Hinweis

**Redaktionsleitung:** Silke Kirsch

**Projektleitung:** Joana Lück, Eva Wagner

**Redaktion:** Dr. Ulrike Kretschmer (München)

**Korrektorat:** Barbara Kohl

**Layout & Satz:** OH, JA! (München)

**Umschlaggestaltung:** OH, JA! (München)

**Fotografie und Styling:** Daniela Gantner, Marcus Schall, Saskian Schubert -
ausgenommen: Seite 6: Olivia Klemke/moments by olivia – fotografie, Lüneburg; Seite 10: iStockphoto/Karaidel; Seite 16: fotolia/oksix; Seite 22: Jump/Annette Falck

**Reproduktion:** Regg Media GmbH, München

**Druck & Verarbeitung:** Neografia, Martin

**Printed in:** Slovakia

Verlagsgruppe Random House FSC® N001967

ISBN 978-3-579-09513-4